微商赚钱
108个门道

刘瑞军◎编著

成都时代出版社
CHENGDU TIMES PRESS

图书在版编目（CIP）数据

微商赚钱108个门道 / 刘瑞军编著 . -- 成都：成都时代出版社，2017.3

ISBN 978-7-5464-1804-9

Ⅰ.①微… Ⅱ.①刘… Ⅲ.①网络营销 Ⅳ.①F713.365.2

中国版本图书馆CIP数据核字（2017）第066445号

微商赚钱108个门道

WEISHANG ZHUANQIAN 108 GE MENDAO

刘瑞军　编著

出 品 人	石碧川
责任编辑	樊思岐
责任校对	李　航
装帧设计	别有天地
责任印制	干燕飞
出版发行	成都时代出版社
电　　话	（028）86618667（编辑部）
	（028）86615250（发行部）
网　　址	www.chengdusd.com
印　　刷	三河市祥达印刷包装有限公司
规　　格	710mm × 1000mm　1/16
印　　张	17
字　　数	200千字
版　　次	2017年6月第1版
印　　次	2017年6月第1次印刷
印　　数	1-8000
书　　号	ISBN 978-7-5464-1804-9
定　　价	36.80元

前言
PREFACE

随着移动互联网技术的发展和自媒体平台的兴起，微商如雨后春笋一般得到了蓬勃的发展。这一新的商业模式，在时代进步的客观呼唤下，找到了适合自己生存的土壤和空间，并被越来越多的人们所关注重视。于是，更多的自由职业者或因为好奇，或为了追赶潮流，抑或为了挣一份额外的收入，纷纷从观望到行动，义无反顾地加入微商的大军之中。这一现象在我们的微信朋友圈中也得到了充分的验证，各种产品的微营销在朋友圈中随处可见，并被人们称为“微商现象”。

但微商自身的发展也经历了一个风雨波折的过程，从勃然兴起到一段时间的低迷徘徊，如潮起潮落般的起起伏伏，绷紧了每一个微商从业者的神经，以至于在低谷时期，有人怀疑微商之路能否持续稳定地走下去，最初的信心和热情遭受了一定程度的打击，犹豫、彷徨、悲观以及失望的情绪曾萦绕在无数微商从业者的心头。

不可否认，微商的快速兴起，在无数人加入的最初，由于盲目和跟风，也因为个人对微商运转方式的模糊认识，曾有过乱象纷呈的阶段。然而正如一句古诗所形容的那样，“沉舟侧畔千帆过，病树前头万木春”，作为一种新型的商业模式，在其最初兴起的阶段，有人黯然退出，有人则一往无前地继续坚持，其所经历的波折和遭受的怀疑是再正常不过的事情，正所谓“斫残万石须求玉，淘尽群沙始得金”。在时代浪潮的冲击洗礼下，微商依然以其自身的内在规律稳健运行，并不因为人的自我意志而有所转移和改变。

所以，如果想要从事微商，就必须认清这一商业模式的本质特征，根据运作规律开展营销工作，并坚定不移地走下去。

有些人觉得微商能赚钱，有些人觉得微商赚不了钱，那么，做微商到底能不能赚钱呢？这个不是由一两个人说了算，而是要看社会的潮流与需求。就目前社会发展的需求来说，微商是有前景的，做微商是可以赚钱的，但如何做才能赚钱呢？本书便是从这个角度出发，直击微商要诀，挖掘分析微商赚钱的一些关键，来和做微商的朋友们一起探讨微商赚钱之道。

目录
CONTENTS

第四章 产品决定前景——选对产品赚大钱

第五章 粉丝决定发展——粉丝质量决定赚钱质量

第六章 传播决定成长——传播速度决定赚钱速度

第七章 互动决定热度——微商互动活跃策略

第八章 技巧决定成交——有策略才会有成交

第九章 要点决定成败——微商赚钱的八大法则

第十章　行业决定细节——不同行业微商的赚钱门道

友人后记

第一章

思维决定财富
——微商赢在思维

1. 端正微商思想

微商心语

做微商，端正思想是第一步。思想正确了，信心才会强大起来，方向也会更加明确。

近年来，随着自媒体的兴起，微商这一新型商业营销模式也如雨后春笋一般悄然勃发，成为影响人们日常生活的一个重要方面，越来越多的人也由此逐步认识和了解微商。但每一次新兴事物的出现，总会伴随有这样或那样的不同声音，也在一定程度上影响了关注微商或从事微商人员的心态。需要我们清醒看到的是，只有“百家争鸣”，才会有事物的发展和前进，所以，做微商首先要端正自我的思想。

微商是骗人的吗?

答案自然是否定的，微商当然不是骗人的，原因不难理解。

其一，微商只是商业模式的一种，或者是商业模式的一种变型。所以无论名称如何称呼，它的一切经济活动依然限定在商业领域的范围之内，符合商业发展的趋势和规律要求。观看“微商”二字的组合，“微”在前，“商”在后，“微”只是对其规模、类型的概念化定义，而“商”则是对其性质的一种界定。从实质上讲，微商依然是一类商业形态，只不过由于其面世的时间还不长，人们还未能全面了解和认识其“庐山真面目”，出现各种争议声音也很正常；但总有真相大白的一天，当争议“水落石出”之后，人们剩下的就是欢迎和期待了。

其二，微商的出现和蔚然成风，是时代发展的必然要求。互联网技术突飞猛进，新媒体层出不穷，这些社会变革反映到商业形态上，必然呼唤一种新的商业模式能够和其相对应，以适应民众物质生活方面的现实需要。而微商正是在这一时代大背景下产生的，是社会经济发展前进过程中的客观产物，既然它符合了经济规律的内在要求，又怎么能够说它是骗人的呢？那些动不动就对新生事物持怀疑态度的人，只是在面对不熟悉事物时候的一种自然心理反应，适应之后疑虑就会得到有效的消除。

明白了微商出现的正当性和必然性，也许有人还会提出疑问，微商作为商业模式的一种，能否像其他商业形态一样，给从事这一行业的人士带来丰厚的回报呢？

对于这些人士的疑问，我们依然以无比肯定的态度来回答：微商当然能够赚到可观的利润。

首先，微商的出现，无形中显著促进了商业效率的提升，因为观看一种商业模式能否有利润，关键一环就是观察其商业效率如何。落后且效率低下的商业模式，是对从事商业活动人士精力和金钱的一大浪费，很多行为都是无效劳动，所以赚不到钱也很正常。而微商直接打通商品和消费者的多道“界限”，宣传、买卖、流通各个环节一步到位，商业效率提升了，利润也就滚滚而来了。

其次，微商作为一种社群经济，在这样一个圈子内，潜在客户都有着共同的爱好和兴趣，买卖双方之间的信任关系非常牢固。显然处在这种和谐的氛围之中，彼此的沟通交流就有了强大坚实的心理基础，推介宣传也有了明确清晰的目标客户群，再加上快捷便利的销售渠道，获得丰厚的利润回报也是显而易见的。

2. 信任思维：有信任，才会有成交

微商心语

以信任立身，以信誉立德，做产品也是做人品。打造坚实的信任基础，微商工作自然能够全盘搞活。

信任是人际交往过程中一条重要法则，正如古语所说的那样，"言而无信，不知其可"。一个人连最基本的诚信都做不到，那么这个人的品行和做事背后的动机都值得人们高度怀疑了。

做人如此，做事也是如此，信任法则无处不在、无时不在。具体到我们微商上面，没有信任就不会有微商的生存之地，这一条法则已然成为绝大多数微商从业者恒定不变的信条。"信誉"两字价值千金，微商所代言的产品因信誉而获得广泛的美誉度，在激烈的商业模式竞争中获取了重要的一席之地。

从另一方面看，虽然商业的本质是获取合理的利润，但获取利润的前提必然是要建立起一条和目标客户群沟通顺畅的通道，而沟通顺

畅的基础就是信任。没有信任，就无法完成产品的有效销售，即使偶尔依靠欺骗将产品销售出去，也难以获得长久的生存，没有信任的商业活动只能是死路一条。

再者就是微商作为一种社群经济，在这样的一个圈子之内，目标客户群要么是熟人或朋友，要么是所代言产品的粉丝，正因为有了这样一个良好的情感基础，所以产品的销售工作才能够水到渠成，无比通畅。反之，如果微商没有强大的信任法则作为营销活动的保证，或者为了获取利润而出现欺骗顾客的情况，破坏了信任基础，相信这些人在微商的道路上一定不能够走远。

所以做微商，我们要让自己具备信任思维，明白有信任才有成交的道理，从而在这个基础上打造与目标客户群强大的信任关系，以信任来作为联系彼此的情感纽带，取得销售工作的跨越式发展。

充分利用信任基因。微商的一大特色就是以个人强大的社交平台为信任基石，这种模式使之天然具备了熟人关系这一信任基因，因此在销售方式上，先付款后发货才被大家认可接受，这也是微商区别于其他商业模式的重要之处。例如人们非常熟悉的电商，虽然它也是采取先付款后发货的销售模式，但前提是必须以第三方平台作为保证，离开了第三方平台的担保，没有人敢接受这种付款后再发货的方式。因此看到了微商先天的有利条件，我们完全可以充分利用这种信任基因来达到做大做强销售工作的目标。

建立良好的信任关系。在一些微商的观念中，存在“既然彼此是熟人关系，也就不需要刻意营造信任关系了”，无疑这一思维是极其错误的，毕竟微商的本质是一种商业买卖关系，所以良好的沟通、互动必不可少，沟通、互动越多，彼此的信任关系越牢固。

以信任促成成交工作的完成。信任关系的建立需要一定时间的积累，通过时间来证明，有些微商将信任简单地理解为刷朋友圈，这种思维认识显然非常肤浅落后。沉下心来打造坚实的信任基础，对方认可了产品背后的人，愿意为微商的人格魅力来买单，订单成交也就自然而然了。

3. 碎片思维：占领消费者的碎片时间

微商心语

做微商，要有先进的思维理念。显然，以“碎片思维”来占领消费者的“碎片时间”，是其中非常值得关注和重视的地方。

“碎片”作为一个名词概念，相信人们都能够理解这一定义的内涵，一个完整的物体可以分裂成无数碎片，每一个碎片都是整体的一部分，共同构成了我们眼中所见到的事物。

可是，当“碎片”的概念被我们移植，以“碎片思维”的名词概念出现后，是不是会让很多读者感到迷惑不解呢？

实际上，“碎片思维”是对“碎片”概念的一种延伸和扩展，使之具备拟人化、形象化的特征，并根植到我们的头脑之中，这样有助于微商更好地理解、掌握和运用消费者的“碎片时间”。

那么什么又是消费者的“碎片时间”呢？

仔细观察生活不难发现，消费者除了日常工作之外，还存在着诸多的空闲时间，或者也可以说，在一个整体的活动过程中，人们依然可以分散个人精力去从事其他事情。

举例来说，人们在乘坐公交、地铁等公共交通工具出行的时候，由于还未到达目的地，在车上显然有大量可以利用的空闲时间，这个时候拿出手机看微信、刷微博，倒不失为打发时间的一种有效方式。诸如此类的事例数不胜数，排队办事、等候客人、饮食、晚上上床等待睡眠的空当期，甚至是上趟卫生间，都可以使用移动设备来打发这段休闲的时光。

那么这些“碎片时间”在人的一天中占据多大比例呢？科学的调查研究数据给我们列出了一张完整的“时间清单”，合理测算后其平均值如下：

花费在乘坐交通工具上的时间，2 小时。

步行所花费的时间，30 分钟。

排队或等候客人的时间，30 分钟。

其他活动时间，30 分钟。

这样总计下来，人们在一天之中可以利用的“碎片时间”竟然可以达到 3.5 个小时左右，当然这只是一个平均值，对于那些酷爱移动终端设备的人士来说，这一时间会有更大的扩充空间。

翔实科学的时间数据告诉我们，一方面人们的“碎片时间”有很多可以利用的价值，在移动互联网时代飞速发展的今天，谁能够抢先一步争夺到消费者的“碎片时间”，谁就赢得了商业的先机。另一方面，各种新型自媒体的出现，也为我们能够有效利用消费者的“碎片时间”提供了强大且坚实的客观基础，在移动终端设备的普及下，自媒体的营销平台已然搭建完成，就看谁能够善加利用了。

由此可以看出，打造微商的“碎片思维”，并在这个基础上充分利用消费者宝贵的“碎片时间”，是取得微商营销工作胜利的重要保证。

其中所需要做的工作分为两大部分。

一是强化微商自身的“碎片化思维”。思维是行动的先导，有思维才会有下一步的行动。微商只有以“碎片化思维”这一理念来指导自己的营销活动，想方设法让消费者接受你的营销内容，才能影响用户决策和选择过程，使之逐步喜欢上你的产品。

二是将营销信息碎片化，以适应新媒体发展的客观要求。在具体工作上，我们不妨将产品信息和营销内容也随之“碎片化”，并使这一“碎片化”符合消费者的个性化需求，然后将其植入自媒体之中，全面占领消费者的“碎片时间”，以达到有效传播的营销目的。

4. 播传思维：让信息自动流传

微商心语

做微商，要认识到信息流动的重要性，所以树立播传思维，扩大品牌信息的裂变速度，是获得成功的重要手段。

提到“播传”这一概念，常常会让人感到一头雾水，因为它和传播这一词语非常相似，两者只是词语顺序的倒置，因此很多人就想当然地认为播传和传播的意义等同，两者只是说法不同罢了。

深入考察播传和传播概念的内涵意义，我们会发现两者的概念并非完全相同，虽然都带有信息流动和宣扬的含义，但播传这一方式更为积极、主动，具有鲜明的时代特征。

具体来讲，播传是指我们通过各种媒体播发了一条消息，然后这条消息能够以主动、迅速的方式传遍各个媒体平台，本身具有裂变的性质，因而其传播速度和影响范围呈现出广泛且深刻的特征。反观传播，其推广方式比较被动，需要有人在背后强力推动，才能够使之逐渐散播开来，一旦主导者停止了推动，传播工作就会停止下来，缺乏主动精神。同时从概念出现的时代背景上理解，播传带有移动互联网的特质，是新媒体时代特有的一种信息传递思维；而传播带有纸质媒体时代浓厚的色彩，相对于播传思维，明显前者要超前于后者。

明白了播传和传播的概念区别，在移动互联网时代，从事微商工作就必然要具备播传思维，以此来指导自身的营销实践活动，那么在具体工作上，微商又该从哪些地方入手呢？

一、以各种媒体社交平台为基础，创建社群。在移动互联网时代，随着新型媒体的出现，营销信息播传的重点已经从单个的个体转移到社群身上。社群成员一旦喜欢上我们的产品，那么他们就会自动成为我们播传的媒介和渠道，由于他们在社群内部所具有的强大影响力和推动作用，以“意见领袖”的身份出现，所以他们的一言一行无不关系到我们产品的播传力度。

认识到社群成员的巨大作用，我们就要借助特定的社交平台，寻找到这一类群体，然后采取措施将这些成员聚集到一起，为我所用，从而利用他们强大的影响力达到营销信息播传的良好目的。

二、以社交媒体为平台，打造一批忠诚用户。在营销的实践中我们常常会发现这样一个有价值的现象，一个品牌的营销效果和其正面积极的评价之间有着密切的联系，评价和赞誉度越高，品牌的播传范围会越广，同时会影响到无数潜在客户转化为现实用户，由此可见打造忠诚用户的重要意义。

品牌有了忠诚用户，他们会主动点赞我们的产品，以此来影响和带动其他用户做出购买选择，这就是情感因素在营销活动中作用的积极体现。所以我们要善于利用各种社交媒体，通过忠诚用户在微信圈、微博上发起转发、评论活动，进而使得品牌信息播传以裂变的态势扩散出去。

三、重视用户意见，引导用户对品牌的正向评价。播传的内涵是产品信息有值得扩散的价值和意义，缺乏高度认同的产品，没有用户关注评论，显然这种情况下的播传活动无法有效展开。

因而正确的做法就是要重视用户在不同社交平台的反馈，引导他们对品牌作出正向肯定，有了他们的有效推动，播传的范围才可以无限扩充。

5. 产品思维：品味虽贵，必不敢减物力

微商心语

"品味虽贵，必不敢减物力；炮制虽繁，必不敢省人工。""产品思维"的实质就是过硬的产品质量。

时代的发展如同大浪淘沙一般，在沉沉浮浮之中演绎了许多兴衰成败的品牌故事。梳理无数品牌所走过风风雨雨的路径，我们会发现品牌的生存必然要和时代潮流同频共振，落后于时代潮流，淘汰便成了品牌不可避免的历史宿命。

大家耳熟能详的手机品牌诺基亚，曾几何时，它是手机行业的王者，占据了手机销售市场的半壁江山，可如今呢？我们只能够在过往的记忆中寻找到它曾有过的辉煌背影。过于依赖品牌聚拢人心的时代已一去不复返了，时代发展的客观要求促使"产品思维"登上了"营

销”这一广阔的舞台。

所谓的“产品思维”，是指人们以产品质量为基础，深耕细作，打造出精品，如此产品的品牌自然也会应运而生，以此在激烈的市场竞争中求得生存。正如百年企业同仁堂所一直宣传的口号一样，“品味虽贵，必不敢减物力；炮制虽繁，必不敢省人工”。没有过硬的产品质量，就没有长盛不衰的产品品牌，这就是“产品思维”所告诉给我们的大道理。

从深层次上讲，树立“产品思维”，也是时代发展的必然要求。在移动互联网时代，产品信息公之于众，所以使之更加透明化，产品的好与坏，在消费群体的眼中可以说是一清二楚，没有什么能够隐瞒的地方。因此只有树立“产品思维”，以打造精品为方向，才能够使产品信息的播传成为现实。

在具体措施和方式上，我们可以从以下几个方面入手。

一、改变卖货这一营销思维。做微商，我们就要有敏锐的头脑去观察时代的特征，当今社会，产品的种类和数量越来越丰富，由此构成了一个买方市场，用户在购买产品上有了更为充裕的选择空间，所以没有谁能够再像以往一样，单靠垄断和信息的闭塞而形成火爆的销售局面。因此我们要改变那种单纯依靠狂轰滥炸的广告效应来达到营销目的的做法，一切以产品质量来说话。

二、不要刻意采取炒作的营销方式。观察生活中从事微商的人群，他们往往误会了微商正确的营销方式，常常希望以概念炒作来达到营销目的，其实这种做法有害无利，久而久之会让我们失去一大批忠实客户。要知道产品的营销重点在产品的质量上面，好产品，用户在使用之后自然会替我们宣扬、播传，单纯依靠炒作之路势必不能够长远。

三、产品要呈现个性化的特征。做微商，所售卖的产品必然要有其鲜明的特色。换言之，即是产品具备个性化的特征。可以想象到的是，如果我们的思维还停留在销售普通化的大众产品，我们是拼价格还是拼服务？显然这样做是多此一举的。为此我们必须以产品高度个性化为营销方向，满足不同目标客户群的需要，这样才能够将营销工作搞得风生水起。

四、转变观念，以服务提供商为发展导向。微商除了售卖产品之外，还可以提高自身的层级，以服务提供商的身份赢得生机。例如协助他人开发微网站、公众号以及开展微商培训等，都可以出奇制胜，取得更好的生存良机。

6. 迭代思维：不要只种一棵树

微商心语

以“迭代思维”为导向，形成产品系列，确保有效的市场占有率。

“迭代”一词，虽然提法比较新颖，但是也不难理解。所谓的迭代，是指在第一代产品的基础上，继续沿着技术或质量路线进行研发工作，以使产品的各项性能得到完善和提升，如此便形成了一代、二代、三代这样的一个产品系列，从而构建出一个完整的产品链条。

举一个简单的例子，这就好比是我们的学习一样，从小学、中学直到大学，我们所收获的是知识的扩充和加深，但后一阶段的学习提高，则是建立在前一阶段学习的基础之上，一步步扎实地走下去，我们所期望的学业便能够取得水涨船高的良好效果。

运用迭代思维进行产品开发和营销工作的案例也不胜枚举，其中比较著名的便是苹果公司旗下的产品了。近几年来，我们在市场上所接触到的苹果产品，一直以系列的面貌呈现在广大消费者的面前。比如从开始的 iPhone（2007 年）、iPhone 4（2010 年），逐步发展到后来的 iPad（2010 年）、iPad mini（2012 年），直到现在的 iPhone 6 Plus（2014 年）、iPhone 7 Plus（2016）等。

观察这几年苹果公司产品的变化情况，不难看出，其所采取的产品营销理念就是“迭代思维”的完美呈现。因为对苹果公司来说，他们在最初所制定的产品营销策略上就优先选择了“迭代思维”的开发理念，也就是说，他们并不需要保证自己每一年都去开发一款全新的产品来吸引顾客，而是转换思维，在原有产品的基础上加大研发力度，以提升产品质量和用户体验为目标，从而形成产品系列，收获最大的营销利润。

仔细分析和梳理苹果公司产品开发这一“迭代思维”理念，我们能够从中发现其所具有的独特优势。

一、将现有产品的品质做到极致。产品品质是企业获得市场地位和必要利润的前提，没有一个好的产品品质，就难以激发消费者的购买欲望。所以苹果公司在产品研发最初，就以充分的市场调查为基础，以完美的用户体验为方向，以过硬的产品质量为保证，从而一举占领同类产品的销售市场，并从中获取企业所期望的利润。

二、“迭代思维”理念指导下的产品开发，更系统、更完善。第一款产品的问世，必然会有消费者的信息反馈，掌握了消费者的消费倾向之后，在后续的系列产品开发上便具有了明确的方向，因此紧随其后的第二代、第三代产品的性能、设计以及整个体验系统会更加充分完善。在这样的一个态势下，消费群体的目光自然被吸引过来，久而久之成为企业产品的忠诚用户，并由此形成聚合效应。

三、“迭代思维”下的产品不以一时利润追求为目标，其目光和战略思维更为长远。企业在初期产品的开发上，由于研发经费投入大，也许没有获得应有的利润，但随后产品系列的问世，降低了企业的研发经费和发行播传费用，其利润便随之滚滚而来了。

所以做微商树立“迭代思维”就好比是种树一样，第一棵树也许需要花费我们非常多的精力，然而形成规模效应后，植树成林，构建一整套“生态系统”将影响市场“气候”，那么我们的营销目标的实现也就指日可待了。

7. 钢丝思维：你需要的不仅是“粉丝”，还有“钢丝”

微商心语

拥有“钢丝”，就意味着旗下产品拥有了一批铁杆支持者，将能够良好地实现使用“情怀”概念来营销产品的目的。

时下，人们常常把对某一明星喜爱的群体冠以“粉丝”的称呼，言下之意就是指这些“粉丝”对所喜爱的明星有无限的敬仰之情，他们对某明星的一举一动都无比关心，利用各种可供利用的媒体渠道来关注其日常活动。

其实在“粉丝”之中，还有“骨灰级粉丝”的区分和称呼。所谓的“骨灰级粉丝”，其对喜爱明星的思想情感达到了坚不可摧的境界，不管明星做出什么举动，他们都持欢迎态度，即使是不好的行为他们也始终不改初衷，用通俗的话语来讲，就是“死了也要爱”。

其实不仅明星有“粉丝”和“骨灰级粉丝”，我们所售卖的产品也存在着这样的划分，但是在名词概念上，我们将“骨灰级粉丝”称为“钢丝”。从“粉丝”到“钢丝”，所变化的不仅仅是词语的名称，更为重要的是，它代表着消费群体一种思想观念的转变，这一类群体从感情上更认同企业的产品，行为上与企业产品荣誉与共、进退一致。

我们常常可以看到的是，这一类群体在购买我们所营销的产品时，关注重点已经超越了价格范畴，侧重于“情怀”这一主观思想色彩强烈的情感上，进而达到“爱屋及乌”的境界，喜欢一款产品，同时还因为这款产品而喜欢上企业旗下“全系列的产品”。比如有的人喜爱联想手机，同时还会因此而喜爱上联想电脑，这就是“钢丝”所具有独特的情感延伸现象。

不难看到，一旦产品有了忠诚无比的“钢丝”，其所带来的正面营销效果将是空前的，对产品的成长和市场占有份额等诸多方面均产生不可估量的积极影响。

认识到“钢丝”所具有的巨大作用，我们就要采取措施，积极地吸引用户从“粉丝”层级向“钢丝”层级转化，一般而言，我们所需要做的工作有这样两点。

一、以信任为纽带，打造人格魅力。信任这种情感来源于人与人的沟通和交往活动，而不是产品本身。所以我们在和目标客户群互动的时候，一定要注重从自身的人品着手，树立起强大的人格魅力，从而吸引更多的“粉丝”转化为“钢丝”。

二、充分运用“自明星战略”，做好社群的建立工作。在移动互联网时代，传播渠道的拓展，让每一个人都有了可以自我表达的机会，各种各样的自媒体平台也成为我们和粉丝互动的媒介。因此我们要积极利用这一平台基础，吸引认可我们所营销产品的人士，并使他们聚集起来，由此组建社群，开展多对多的互动关系，增强凝聚力和向心力，只要下功夫经营，相信会有越来越多的“粉丝”转化为“钢丝”。

这就如现在所流行的“网红”一样，一旦成为粉丝眼中的网络红人，他们的一言一行都会受到广泛的关注，如果由他们代言产品，其效果不言而喻，这就是“钢丝思维”价值的现实体现。

8. 社群思维：物以类聚，人以群分

微商心语

“物以类聚，人以群分。”善于组建和培育社群，就好比是提纲挈领一般，纲举目张，自然事半功倍。

仔细观察生活不难发现，虽然整个社会由无数个个体构成，但实质上这些个体都有其各自的群体归属，这也是“物以类聚，人以群分”道理的现实体现。在具体归属上，又可以分为好多种，有些以行业为区分标志，有些以兴趣爱好为分类标准。简单地理解，比如喜欢钓鱼的人士就往往热衷于寻找志同道合的人，大家因共同的爱好和兴趣聚集到一起，参与其中可以分享钓鱼心得，也可以交流技术经验，在相互学习中得到提升。

因各个不同群体的存在，人们也由此得出“社群思维”的概念。所谓的“社群思维”，就是把具备相同理念、有着共同爱好的人士集合在一个组织之内，在组织内部展开多种形式的交流和沟通活动，以实现组织者组织社群的目的。

这一点小米手机就做得非常不错。在小米手机所构建的社群里面，它以“为手机发烧的发烧友”理念为先导，来吸引手机发烧友一族加入其中。这一社群构建的前提也非常简单，只要你喜欢手机，热爱电子产品，那么就没有理由不去参加这一组织。

显然，小米手机社群的建立，对推动小米手机的销售工作有着强大的正面影响，这是因为社群组织的建立过程其实也是寻找目标客户群的过程，聚合了目标客户群，销售工作的方向就清晰明确了，接下来的推销、售卖工作也能够顺风顺水了。

所以作为微商，我们就必须让自我树立起“社群思维”的理念，可以试想一下，缺乏社群组织的必要支持，而去面对庞大但无法获知对方是否有购买意向的人群，我们的营销工作就成了“盲人摸象”，无目标、无方向、无重点，最后时间和精力都浪费了，而成效却微乎其微。

明白“社群思维”的概念，还要懂得“社群思维”的重要性，一个良好有序的社群组织，其重要作用体现在以下两个方面。

其一，对于消费群体一方来讲，他们购买产品的重要驱动力无疑聚焦在兴趣这一个支点之上，除了必需的生活用品外，一般情况下消费者的购买欲望源自内心的兴趣和渴望情绪。所以大家因兴趣而聚集，并且在社群内部获得其他成员对产品的积极推荐，将会极大激发消费者的购买欲望。

另外，社群的组建使得产品销售一方和消费者之间建立起了一条沟通顺畅的通道与平台，这种连接上的便利性极大地节省了用户的选择时间，其影响力非其他渠道所能够替代。

其二，对产品售卖一方来讲，社群组织的建立比产品市场的细分更为重要。在移动互联网时代，市场的更新速度是如此之快，市场细分这一手段就显得有些滞后了，所以在这样的一个态势下，组建和培育必要的社群，以吸引同质客户参与进来，将能够极大地推动和提升产品的销售效率。

9. 参与思维：有参与，才能有销售

微商心语

参与思维，实质上是一种互动营销体验，以产品全新的定位为抓手，打开销售工作新局面。

从事销售工作的人们应有过这样切身的体验，一件产品想取得良好的销售，其中一个重要的方面就是增强消费群体的参与力度，打通消费者参与产品性能体验的通道，这样才能够最大限度地激发消费者的购买欲望，从而实现预期的销售目标。

近几年来，微商的蓬勃兴起成为当今社会商业模式变革的一个重要体现，而微商之所以能够异军突起，其原因就在于随着移动互联网技术的发展，自媒体平台的组建，从而大大降低了消费者的参与门槛，每一个潜在客户都能够通过手中的移动终端设备参与产品整个销售流程，由此引发了商业模式新的发展。

因此，从事微商，必然要树立“参与思维”，以参与激发兴趣，以参与带动消费，那么，在具体的实践销售工作中，我们又应当如何提高消费群体的参与力度呢?

一、在产品的选择上要以激发兴趣为目标，以此吸引消费群体的关注。虽然社会上从事微商的人群比较多，但由于很多人缺乏“参与思维”，所以常常感叹所售卖的产品遭遇无人问津的局面。其实解决这一困惑微商群体的问题并不难，既然要让消费群体参与进来，那么就必然要让自己所代理的产品能够激发大家的兴趣，以抓住顾客的“眼球”为重点。

比如在当今雾霾天气肆虐的大环境下，我们就能够在“雾霾”上“做文章”，售卖一些防雾霾的口罩，或者是能够净化空气的过滤器等产品，这样一来，消费群体的参与热情才可以得到充分的挖掘，从而达到售卖产品的目的。如果所售卖的产品普通得不能再普通，随处可见，试想这样的产品能够吸引大家的参与热情吗?因此说，抓不住营销工作的重点，就等于没抓一般，不会有任何的效果。

二、以个性化的创意来达到销售的目的。产品销售讲究一个关注度，而创意则是提升关注度的有效方式。当年五粮液的广告语就是“系出名门，丽质天成”，由此点出了五粮液悠久的历史文化传统和精益求精的质量理念，所以一炮打响而成为广告营销行业的经典案例。

做微商也是如此，选择一款产品，要善于挖掘或构造其背后的故事，以故事作为和消费者沟通的话语渠道，增强他们的好奇心，如此便可以达到良好的营销效果了。

三、产品定位要新鲜有趣，呈现出与众不同的特色。产品营销中的宣传造势必不可少，但一定要注意宣传的方向和重点。这一点其实也是一种心理战术，因为消费者都有审美疲劳的现象，常规的广告宣传很难打动消费者的购买心理，因此我们在从事营销过程中，要善于进行产品定位，从不同的角度进行宣传造势。

比如售卖男士内衣，一般人常常宣传其舒适度，那么除了舒适之外，它还有什么值得让人眼前一亮的闪光点呢？我们所做的工作就是以这一“闪光点”为抓手，定位出其与众不同之处，做到这些，从事微商的人士就很难再遇到产品销售不出去的难题了。

10. 裂变思维：裂变！裂变！再裂变！

微商心语

裂变思维是一种外向型的扩展思维，以流程渠道和工具为载体，实现产品信息迅速、广泛传播的目的。

“裂变”一词不难理解，它指的是事物一分二、二分四以至于无穷的一个过程。但相对于变化而言，裂变在事物的性质或状态上具有质的飞跃，是指事物的分裂变化呈几何级的递增状况。事物也只有具备了裂变的态势，才能够使得传播范围、传播空间以及传播速度发生翻天覆地的变化。

明白了裂变的重要性，我们从事微商的人士便要让自己的营销手段也具备相应的“裂变思维”。因为从实质上看，做微商的前提是能够最大限度地推动产品信息的播传范围，使之能够在短时间内被目标客户群所熟知，因此裂变思维在微商营销手段上具有其他传播模式所不可替代的重要作用。

那么在具体工作中，我们应当采取哪种方式，实现裂变效应呢？

一、以流程传递来实现裂变效应。产品信息的传递离不开特定的流程，而流程传递又可以分为两个方面：一是分享；二是代理。从分享上看，我们可以利用网络红人或者是大 V 的巨大影响力，依靠他们的分享点赞方式达到播传的效果。因此在实际操作中便可以和这些网络红人或大 V 协商，他们每转发、点赞一条信息，便可以获取相应的报酬，相信这种互惠共赢的策略一定可以让对方欣然接受。

从代理上看，其实质是一种朋友式的推荐方式，随着移动互联网的发展，自媒体成为人们日常生活中极为重要的一面，在自媒体的平台上，值得信任的朋友推荐某一款产品，将能够获得被推荐方的高度认同，因此这一推荐方式也是裂变思维充分利用的良好体现。

二、借助特定的工具来实现裂变的目的。产品信息的播传不可能凭空进行，它需要一定的媒介和载体，而借助特定的工具进行传递，无疑也是一种效果良好的播传方式。

举一个简单的例子，我们在推广产品的时候，往往需要人们以口口相传的方式来达到播传的目的。但口口相传的模式有一个重要的前提，这就是人们愿不愿意的问题。很多时候购买我们产品的人士，往往只关注自身的体验，因为面子问题或其他因素而忽略了产品信息的再传播。这个时候如果我们改变方式，比如使用一些优惠券，在售卖产品的时候赠送给消费者，下次参与购买将会享受到一定的优惠折扣。如此一来，这些初级消费者很多会把产品优惠券传递给亲朋好友，这样就实现了以工具为载体的裂变播传目的。

更为重要的是，次级消费者前来参与产品购买，依然可以获得优惠券，如此一级一级地裂变下去，其几何递增效应便能够得到充分体现了，进而在这样的一个基础上形成良性播传的良好效果。

裂变思维是一种外向型的扩展思维，它要求相关人员以灵活的头脑和敏锐的观察力，借助特定渠道和工具以高效的方式将产品信息播传出去，最终形成一个完整的具有移动互联网裂变性质的播传系统，实现所期望的产品信息裂变式扩展。

11. 社交思维：懂社交，才会懂赚钱

微商心语

微商也需要社交，要明白我们不仅仅是在卖产品，更为主要的是在经营人品，以人品社交促进产品销售，这才是“社交思维”的实质所在。

“社交”一词是讲人与人之间的交往和联系。交往的程度如何，也是人这一个体情商的重要体现。一个人会不会社交，既能体现出其人

脉关系的大小多少问题，另一方面也决定其日后事业的发展空间。

将“社交”一词移植到微商行业，更多的是一种概念上的同类借代，我们要明白的是，微商经营活动的落脚点在于人，所经营的也是人与人之间沟通交流的互信关系，一旦没有了人这一媒介和载体，那么微商这一商业模式也就失去了存在的意义。

所以从事微商，还要让自己拥有“社交思维”，并以这一思维来指导的微商实践活动。其主要原因和重要性在于以下几方面。

一、顺应商业模式的变革进程。移动互联网时代，各种新媒体层出不穷，人人都能够以手中的移动终端设备参与商业流程中去，所以过去那种依靠“平台为王”的传统商业结构已然遭受到了严峻的挑战。随着自媒体的兴起，以社交为连接渠道的新型商业生态系统正在逐步形成，这一切都要求从事微商的人士能够树立“社交思维”，以社交互动方式来赢得商业战场的胜利。

二、人成为产品营销环节的中心和重心。移动互联网时代，一切移动终端的参与者都是现实而具体的人，而每一个人都有自我个性化的需求，所以这一趋势变化反映到产品的营销环节，便客观上要求产品具有高度个性化的特征，以适应消费群体不同的消费需求。

三、重视人的分享和转发力度，形成裂变效应。微商的社交平台上，朋友圈是其中一个重要方面。设想一个朋友圈有一千个好友，这些好友对产品的关注和重视将会形成一股巨大的助推力量，推动他们积极参与到分享和转发方式上面，如此一变十、十变百、百变千万，几何级的递增态势一旦形成，其裂变效应便能够得到充分的发挥了。

从事微商的人士一旦学会熟练运用“社交思维”去指导自身的商

业实践活动，那么其所能取得的良好效果也是显而易见的，将会全面改变传统电商依靠销量或用户评价为播传方式的旧做法。这样在微商的社交平台上，他们通过密切的沟通、交流和必要的互动方式，从而使得产品体验这一营销模式深入人心，如此便形成了良好的产品口碑。产品口碑再通过微商熟人的渠道传播出去，从而形成了一个良性的社交口碑影响系统。在这一系统之内，产品的美誉度和信任度将会得到空前的提升，最终使用“社交思维”实现微商营销战略的目的也就能够轻易地得以实现了。

思维决定财富，是因为思维能够深刻影响人们的行为方式，只有以思想改变为先导，我们才会以正确的行动投入商业模式创新的活动中去，在积极的思维变革中赚取应有的利润。

第二章

方式决定出路
——微商代理与分销策略

12. 微商海外代购

微商心语

海外代购，心态很重要。调整自我心态，以坚持不懈的信念走下去，一定会有彩虹当空的辉煌时刻出现。

近年来，随着各国之间社会经济交往的加深以及媒体宣传的推动效应，能够购买到物美价廉的海外产品成为国人消费的一大热点。但有时因为各种主客观条件的限制，消费者无法亲自前往理想地选购自己所喜爱的商品，只能够在“心神往而身不能至”的感慨中“望洋兴叹”。由此，微商海外代购这一商业模式应运而生，代购人接受购买人的委托，选购心目中的商品，代购人从中赚取一定的代购费，实现互惠共赢的营销目标。

海外代购的蓬勃兴起，让无数人看到了其中蕴含的巨大商机，因此这一商业模式从最初的零散小规模发展到现在蔚为可观的景象，但随着竞争激烈程度的加深，如何做好海外代购成为许多微商人士颇为关心的一个方面。具体来讲，我们应当从以下四个方面去学习领会。

一、过程很辛苦，但重在坚持。微商海外代购并非那么简单容易，它需要微商代购人员调整自我心态，以坚持为第一。比如为了吸引消费者的关注，在朋友圈坚持产品的更新，只有新颖独特的产品才会赢得好友的青睐，订单才会源源不断地接踵而来。

可以想象到的是，朋友圈长时间不更新，产品单一无情调，这样就会让消费者失去关注的兴趣，而微商代购者自身也因为没有多大成就而灰心丧气，失败最终不可避免。所以坚持是第一，每天坚持，一天一天做下来，相信生意很快就会有不错的起色。

二、产品新颖独特是一方面，而多样化也不容忽视。海外代购的范围很广，而这一广泛的范围使得产品呈现出多样化的特征，同时消费者也是如此，只有琳琅满目的产品才能激发他们的购买欲望。所以在具体操作的时候，要以国家为类别，分别选择其有特色的产品，以此来引导消费群体的趋向性选择。比如澳大利亚以牛奶而闻名于世；法国则以护肤品独占鳌头；美国重在突出其皮包、手表等装饰品，如此分门别类地定时刷新，定能吸引消费者的目光。

三、以过硬的人品求生存。从事微商代购的人不在少数，而有人的地方就有竞争，所以想要在竞争中脱颖而出，人品在其中起到一个很大的催化作用。这里所说的人品是一种信誉，是对做事、做人的执着精神，不要为眼前的蝇头小利而丧失大家的好感，把眼光放得长远，人生之路才能够走得更远。

四、强有力的产品品质保证。人品是海外代购得以生存发展的软实力，而产品质量则是硬实力，以质量说话，才能赢得消费者良好的口碑。所以在具体海外代购渠道上，相关从业人员一定要慎之又慎，无论是亲自前往还是选择代购商，务必要确保进货渠道安全可靠。一时的以次充好和低价策略固然能够赢得暂时的生存，但长此以往，必然遭受淘汰的命运。同时在涉及食品上面，更要小心谨慎，懂得食品安全无小事的道理，否则生意做不成，还会引火烧身。

13. 微商友情代购

微商心语

微商友情代购，重在关注产品多方面的细节问题，将细节部分的功夫做足，自然就能够打开一片新天地。

随着海外代购的蓬勃兴起，谈起友情代购相信人们并不陌生，甚至也可以说，友情代购是海外代购兴起的前提，先是有友情代购的催化，海外代购才以其独特的商业模式而声名鹊起，成为人们购买海外产品的首选渠道。

友情代购最初纯粹是友人的一种义务劳动，可出国人数有限，而消费者的现实需要又是如此之大，两者的强烈反差催生了微商友情代购这一商业模式的出现。由于代购数量多，拿货渠道省去一些中间环节，因此他们常常以折扣的方式来吸引广大消费者，这要比消费者自身直接找人代购更为实惠一些。

从事微商友情代购，需要我们重点关注这样几个地方。

一、要时刻关注汇率的变化。既然是代购，产品的产地来自国外，中间便不可避免地掺杂到汇率的问题，而汇率问题又是影响微商友情代购利润的一大因素，同时对消费者自我承受能力也提出了相应的要求。所以在代购过程中一定要关注汇率变动情况，及时作出应对策略，调整代购方向，不会因粗心大意而遭受不应有的损失。

二、关注市场的变动情况。随着中国综合国力的提升，富裕的国民构成了一个强大的代购市场，面对这一诱人的“蛋糕”，有些国际大品牌会及时调整自身的营销策略，积极向国内市场发展。所以一旦国内市场和国际市场在某一品牌产品处于同步发售的阶段，那么我们就可以减少不必要的海外代购费用，直接从国内代理那里拿货就可以了。

三、归纳梳理消费群体的购买倾向，提高采购数量，以节省代购成本。比如在护肤品上，很多消费者的购买倾向都趋于一致，目标集中在一两个著名的品牌上，对此我们要加大数据的收集力度，一旦发现其规律性，就可以在此类产品采购上加大数量，这样就能够节省相应的成本，使得利润获取最大化。

四、注重产品质量，规避不应有的风险。代购的兴起也让一些海外企业看到了巨大的商机，因此有时他们就常常采取“概念营销”策略，在文字上玩起花招。此时如果我们不多加注意，只看到消费者高涨的现实需要，而没有风险防范意识，那么一旦代购出现了问题，错综复杂的索赔问题会让我们倍感焦头烂额。

比如现时炒作很热的“药妆”产品，企业相关宣传人士介绍这是一款介于药品和化妆品之间的“中间产品”，兼具美容和治疗两者之功效。但实际上呢，也许根本没有宣传人员所介绍的那样美好。对此我们在代购的时候要睁大眼睛，提高风险防范意识，时刻提醒自己不要踩了“红线”。

五、关注被人忽视的优秀品牌。国际上有些质量过硬的名牌产品，由于国内代理商的原因，在品牌建设上没有下足功夫，所以久而久之使得这些品牌沦落到默默无闻的状态之中。而微商友情代购则要有所侧重地关注到这一块，也许在其中会有令人惊喜的发现。

14. 微商代理七大模式

微商心语

模式很多，但要选择适合自己的，只有适合自己的才是最好的。

从事微商，就必然要了解和遵循微商代理模式，然后在此基础上结合自身的实际情况加以选择，具体来说，微商代理模式一共有七种类型。

一、自营模式。顾名思义就是自我独立经营，利润和损失都由自己承担。这一类人群之所以敢于独立自我经营，原因在于他们从事过相关的销售工作，有较为丰富的经验和运营技巧，因此借助微商平台进一步扩大个人的经商空间。例如很多淘宝店主同时也是微商自营模式的主要从业人员，在这一点上他们具有其他人所没有的先天优势。

二、零售模式。多为终端零售经营模式，这一模式的特点是利润较高，但缺点是需要相关人员具有较强的耐心，能够调整心态持续经营，逐步将微商平台做大做强。生活中有一些微商看到零售模式较大的利润空间，于是就从代理商那里拿货，一步一步从零开始经营。这种方式虽然起点较低，然而中间环节多，产品价格虚拟空间大，成功的案例很少，因此不建议将其作为主打经营模式。

三、代理模式。代理模式又被业界称为金字塔模式，自上而下一层一层发货搞代理，这是微商作为传统模式的一种经营方式，因其限制条件少，门槛低，所以很多人在起步的时候都曾选择过这一模式。但需要注意的是，这一模式由于中间层级多，货源一直在代理人员手中流转，一旦流转不动，会给某一层级的人员带来较大的出货压力。

四、培训模式。培训的对象主要是刚进入微商行业的新人，通过给他们讲解流程规范而获取相应的费用。培训模式的从业者主要是一些入门较早、经验丰富的微商高手，他们以自身的经历和经验教授新人技巧。现时培训模式主要分为两种，一种是售卖教程或高手讲话录音；一种是微信群培训，邀请微商达人讲课并收取费用。

五、互为补充模式。这一模式主要是指传统经销商将经营阵地重心放在微信朋友圈中，一方面反映了对时代趋势发展变化的追求；另一方面则借助微信朋友圈，起到展示商家产品、发展下线代理、多方了解代理商真实情况的目的，在实践中也确实收到了不错的效果反馈。

六、搭建推荐平台并获取一定利润的模式。这种模式一般分为两大类：一类是以自我的微信号为信息交流平台，在上面可以邀请相关方发布一些便民信息，诸如招聘、求购、寻求合作等方面的内容，以此来收取一定的平台费用；另一类是建立微商产品推广号，帮助本地微商进行产品推广，同时收取一定的服务费用。

七、信息流广告模式。这种模式又分为两大类型。一种是微信朋友圈信息流广告。相关运营商在微信朋友圈发布广告信息，吸引使用微信的人群关注，从而获取必要利润的一种方式；另一种是个人优质的微信公众号平台。如果个人能够将微信公众号经营得有较高的知名度，粉丝数量也足够多，那么完全可以和广告商合作，以流量点击来计费，也是一种不错的经营模式。

15. 微商代理赚钱六大法则

微商心语

法则是微商高手的心得和经验之谈，认真领会并付诸行动，就会发现赚钱并不难。

微商的概念有其广阔的内涵和延伸意义，很多人常常将微商视同为“微信小店”或者是微商电商的模式，其实这种认识有一定的误区，微信只是微商能够利用的一个平台而已。真正的理解微商，就要使自己站在更高的层次上去看待问题的性质和全貌。所谓微商，从实质上讲就是利用移动互联网技术而从事的一种商业活动。

既然是一种商业活动，获取必要的利润才符合商业活动的本质属性。但很多刚刚接触或上手不久的微商，常常感叹自己的产品不好卖，有时一两个月也不见几个单子，没有单子就意味着没有成交，那么利润也就只能是“水中月，镜中花”了。所以如何通过从事微商赚取利润，成为这一行业所有从业人员共同关注的焦点。简单来说，把握住这样几大法则便可以将微商经营得风生水起了。

一、模式要选择对。微商代理的模式有很多种，但无论哪一种，必然要结合自身的实际情况加以合理选择，只有适合自己的才是最好的模式，这样经营起来也得心应手，不至于茫然不知所措，不知道该从哪里下手。

二、产品代理要有特色。做微商，实质上依然是产品的营销售卖活动，而想要将产品顺利卖出去，显然在产品的特色上要能够吸引住消费者的眼光，有吸引力才有关注度，下一步的售卖工作才会因此有了坚实的基础。所以在产品选择上，要充分体现出个性化、新潮化的特征，重点把握消费者的个性心理需求。

三、产品的附加利润要高。做微商，不能够去售卖那些普普通通的产品，这些产品在市场上随处可见，价格透明且利润空间有限，同时也很难让消费者有购买的欲望，所以做常规产品代理的出路非常狭窄。因此在产品选择上，除了吸引必要的关注度之外，还要给自己留出足够的利润空间，薄利多销战略只适合批发模式。

四、货源充足。这一点看似无关紧要，但在关键时刻其所产生的影响力也不可小觑。比如海外代购，消费者有强烈的购买欲望，但代购商这里却拿不到货，发不出来货，任由消费者流失，出现这种情况令人哭笑不得。所以在货源上必须保证有足够的存量，随时可以满足消费者的需求。

五、有舍得精神。微商所经营的不仅仅是产品，更多的是人品。我们要将消费者当作自己的朋友来看，以真诚之心来和他们交流沟通。当产品出现问题的时候，主动帮助对方解决，不要计较这一笔单子是亏损了还是赚到了，将眼光放得长远一些，自然能赢得消费者高度的信任，形成彼此信任的关系，赚钱也是水到渠成之事。

六、产品售后简单方便。很多时候，产品的利润会被烦琐且耗费工时、金钱的售后给吞噬掉了，原本产品没有问题的时候还可以经营，但问题出现之后，售后工作太过复杂，这样一来也赚不到什么利润。

因此微商人员在选择产品的时候，尽量选择那些售后简单方便的产品，有问题解决迅速便利，没有过多的后遗症牵扯在内。

16. 微商招代理的八大技巧

微商心语

做事要掌握技巧，技巧是做事得以成功的诀窍，方式方法合理巧妙，自然会事半功倍。

从事微商，很多时候要进行代理招募工作。但提起代理招募工作，又是让无数微商人员深感头疼的问题，他们常常为如何赢得代理人员的兴趣和关注而苦恼不已，不行动就找不到适合的对象，太主动又担心引起人们的反感，所以在尺度平衡上左右摇摆，拿不准最佳的营销策略。

其实微商招募代理工作也并不是大家想象的那么艰难，只要掌握其中的技巧和规律，自然就能够做得顺风顺水了。

一、保持平和的心态，冷静分析，科学决策。平和的心态是从事任何工作的必要前提，不能够让自我冷静下来，而依靠头脑发热的行为去做事，往往难以坚持长久，同时会出现“眉毛胡子一把抓”的错误。做微商也是如此，寻找代理不是一时半会儿就可以获得成功的问题，要沉下心来，做好基础工作，以稳扎稳打的战略步步为营，最终实现预期目标。

二、做足功课，总结归纳可以说服代理对象的理由，树立自我强大

的信心。《孙子兵法》里面有这样的一句话，“诱其必应”。意思是讲我方应当有让对方相信的充分理由，让对方心甘情愿随着我方的思路走，这样才能够取得战略上的成功。做微商便是如此，既然是寻找代理，那么必然要讲出让代理感觉心动的说辞，在沟通交流中获得他们的认可。如若言辞闪闪躲躲，底气不足，相信不会有人对我们所描述的项目感兴趣。

三、放大自身的优势，以产品来博取眼球。招募代理工作从根本上讲是一个吸引力的问题，因此在具体工作中，要不断向意向人群宣扬自身的资源优势、产品优势，优势的背后代表着低风险、高收益的投资回报，这也是代理商最为关心的问题。

四、合理利用各种社交平台。扩大宣传范围，让更多的意向客户了解到我们，是微商代理招募工作的重点。在这一方面，有很多的社交平台可供我们利用，在上面发布一些介绍信息或广告语，将会收到良好的效果。但需要我们注意的是，利用社交平台，就要先懂得各个社交平台的内部规则，严格遵守他们的规定，不至于出现被禁止发声发言的情况。

五、学会互动方式。互动是增强彼此关系亲密度和信任感的一种良好方式，因此在朋友圈中，我们可以寻找合适的机会多和粉丝做一些互动，比如发红包，或者是讨论一些公共话题，提高大家的活跃度和参与积极性。

六、适当刺激。很多时候，在我们经过前期的宣传之后，有些有意向的代理客户内心已经处在激烈挣扎的阶段，这个时候我们不妨采取适当刺激的策略，在朋友圈发信息，告诉他们那些早期做代理的已经赚到钱了，越早下手越能掌握主动，从而促使其下定最后的决心。

七、学会说话。招募代理工作中，说话技巧很重要，因为很多时候我们要接到意向客户各种各样的提问，遇到比较刁钻的问题，回避不是解决之道，正确的方法是不如换一个角度，将问题抛给对方，以激发对方的理性思考。

八、以诚意打动人。诚意是人际交往的基本原则，做微商更是如此，我们所面对的是具体而真实的人，他们都有各自的思想情感活动，因此我们在和他们交往的过程中要拿出真诚，以真诚换真心，进而赢得他们的好感和信任。

17. 微商分销，激活用户

微商心语

明白用户分类和性质范围，分门别类地加以对待，最大限度地激活用户，将潜在用户化为现实用户。

做微商分销，必然要和无数用户打交道，相对于微商产品来讲，用户始终处于第一位，因为有用户的存在，微商才有生存下来的必要条件，失去用户，一切都是浮云。

而面对不同的用户，需要我们根据对方的特点而采取不同的方式或方法，以激活为手段，争取让更多潜在用户转化为现实用户，以使我们的微商之路更为宽广。

在用户的分类上，一般将他们分为种子用户、普通用户、核心用户和垃圾用户，在具体措施上，我们不妨参照以下的经验做法。

一、种子用户。种子用户的定义是指在从事微商活动之初，能够通过自身作用促使产品销售快速增长的那一部分人。这些用户分类广泛，可能是您公司的员工，也可能是您的亲朋好友，还有可能会是那些有着强烈好奇心的消费群体。对待这一批用户，需要我们充分利用和他们固有的社会关系，将他们发展成为我们产品使用的忠实拥趸。“种子”一旦种下，就能够快速地“生根发芽”，在他们的带动和影响下，能够很快将产品销售工作搞活。因此我们必须重视种子用户的培养和引导工作。

二、普通用户。产品销售工作局面一旦打开，在种子用户的带动下，会有越来越多的普通用户加入其中。普通用户的存在对我们微商工作的重要性也不言而喻，他们人数庞大，范围广泛，是我们产品购买的主力军。因此在对待普通用户方面，我们要以足够的尊重态度来和他们打交道，以沟通交流的方式吸引他们加入我们的社群，给他们以归属感，如此便可以牢牢地抓住这一部分客户。

三、核心用户。 核心用户是指那些对我们产品销售工作具有超强影响力的消费群体，他们的存在，可以吸引无数粉丝加入其中，同时在他们自身代言作用的影响下，产品的价值也得到了充分的体现，这样一来就会使我们的销售工作跨上一个新的台阶，实现质的飞跃。因此对待这一部分客户，我们要秉持高度重视的态度，不惜花费大量的时间去维护和经营，给他们提供展现自我的平台和机会，并努力留住他们。不难发现，这些核心用户的存在就好比是我们的产品销售工作中有了一块强有力的磁石一般，在其周围聚集一大批铁杆粉丝，显然这种局面对我们的销售工作是极其有利的。

四、垃圾用户。垃圾用户在这里并非一个贬义词，主要是为了和上面几种用户进行性质上的区分，所以才采用这种说法。所谓的垃圾用户，是指那些长期保持沉默的用户，从不发表看法，也很少购买产品，或者是一些广告传播人员等。这些用户从表面上看对我们价值不大，但是也不要轻易忽视和否定他们，适度地加以影响和控制，相信也会有所收获。

18. 微商代理误区

微商心语

误区如泥沼，深陷其中必将遭受灭顶之灾，所以要认清错误失败之处，立即加以改正。

很多从事微商代理的人士总是抱怨自己达不到理想的预期目标，难以像他人一样取得巨大成功。其实抱怨是没有用的，分析和寻找自身产生失误的原因所在才至关重要，如果一直在误区中迷失自己，微商工作就永远难以做好。

梳理微商代理的误区，主要有以下几个方面。

一、心态误区，没有良好的心态，常常急于求成。心态很关键，无论是做人还是做事，都要求人们保持一颗良好的心态，从容平和、稳健自然，这样才能够以冷静激发个人的睿智，在细微之处寻找最佳的应对策略。微商工作也是如此，要明白“心急吃不了热豆腐”的道理，“罗马也不是一天就建成的”，时刻告诉自己要沉下心来做事，不疾不徐，稳步前进，最终必然会收获最为美丽的人生风景。

二、方式或方法误区，做事呆板不知变通。从事微商，不可避免地要学习别人的长处，获取对方取得成功的经验。但是在很多时候，人们在学习他人的时候常常陷入教条主义的误区，一成不变地照搬照抄，这种生搬硬套的方式又怎么能够取得成功呢？因地制宜，因时制宜，要明白灵活变通的重要性，否则只能够在死搬教条的误区中失败到底。

三、竞争误区，陷入恶性竞争的怪圈之中。有商业活动的地方就必然存在着竞争，这是无法回避的问题。但需要我们认清的是，竞争应是一种良性的竞争，也是在充分了解自身和对手优缺点之上的一种理智竞争，如果将周围所有人视为竞争对手，非要通过“搏杀”取得第一的位置，这种竞争心态必然导致自身经营活动遭受重大冲击。耗费了大量的时间和金钱，耽误了正常的营销工作，最后损失最为严重的还是自己。

四、营销策略误区。营销的时候总想着讨好所有顾客，获得最大范围的好评，这样做其实也是一种错误。迎合顾客的做法没有错，但要明白一款产品不可能符合所有消费者的口味或需求，微商营销要以产品特色为导向，而产品特色必然天然排斥一部分消费群体的爱好，这是再也明显不过的问题，所以不必为此耿耿于怀，以至于失误连连。

五、营销方向误区。做微商营销工作，有选择地扩大营销范围是正确的思维认识，只有广泛的知名度和影响力才能够打开营销工作的局面。但很多微商从业人员往往在方向上犯了错误，总想着全面开花，恨不得触角遍布全球，这种探求大而全的营销方向思维要不得。

六、品牌误区。什么都想买，什么产品都想着要代理，总想着面面俱到才会有源源不断的利润。面面俱到其实也代表着什么也做不好，不能够让自身的产品呈现出精细化的特征，再多的产品也于事无补。

七、目标误区。很多微商从业人员往往将关注的重点放在销量上，缺乏品牌意识，这也是一种错误思维。销量一旦上去，就要立即做品牌，只有品牌才有号召力和持久的生命力，其中的利润也更大，仅仅着眼销量，眼光太过短浅。

八、合作误区。从事微商必然要打广告，但是只有广告，缺乏必要的战略、策略思维指导，白白造成金钱损失，是一种得不偿失的行为。

19. 微商分销层级设置

微商心语

微商分销层级设置要合理，确保每一层级的合理利润收入，不以圈钱为目的。

做微商分销，层级设置是不可避免的。微商分销通过一定的层级设置，将货源一层一层地分散下去，这是我们获取必要利润的一条重要途径，比如在其中会产生合伙人、总代、一级代理、二级代理、三级代理等多个层级机构，每一个层级代理有不同的配货要求和拿货价格，以此在自身获取利润的同时也让各个层级代理能够有利润可赚。

如果层级结构设置合理，大家都能够取得自身所期望的理想利润目标，可谓是皆大欢喜。但一旦层级设置出现偏差，过于偏重某一方面，或者是我们自身贪图太多的利润，而使得下一层级的代理商无利可图，显然就会影响到我们总体利润的获取，这个时候就要反思自身层级设置方面的失误了，以及早改正，回到正确的轨道上来。在具体进行层级设置的时候，要注意以下几个方面的问题。

一、要选择那些有能力、有资源渠道的代理商，交钱并不一定能够获取我们产品的代理权。微商工作的实质还是为了将产品售卖出去，而有能力、有资源的代理商则有助于我们较好地实现这一目标。出货越多，代表着我们可以从中获取越大的利润，代理商也会因此得到想要的利益，这是一个互惠双赢的局面。若是代理商的能力、水平不够，他们不会从自身上寻找原因，往往会将怨气撒到我们头上，合作不成反而带来纠纷，因此在代理商的选择上一定要慎之又慎。

二、层级不宜过多。在具体层级设置上，一般以控制在五级左右为宜，最好是在三级之内，层级过多，越往下代理商的利润越薄，微薄的利润激发不起他们销售的欲望，货物只能够在代理层级之间来回流转，这种方式显然不利于我们将产品销售工作做大做强。

而实际商业活动中，有些微商并不注重这个方面的问题，他们以设置层级为乐趣，甚至是为了圈钱而故意拉长层级，显然这种做法极其短视，只能维持一时而难以长久，所以长线代理层级模式占比越少越好。

三、确保零售价格方面的统一，同时将总代拿货价格控制在零售

价格的二分之一或三分之一左右为宜。产品的零售价格很关键，这涉及代理终端的收益问题，如果没有强有力的零售价格保证，任由各个代理自我定价，这样做对公司产品形象不利不说，还会严重扰乱市场经营，越做越乱，越乱越死，必须严格加以控制。

另外就是总代拿货价格，一般控制为零售价格的二分之一或三分之一为宜，这样层层发展下去，各个代理都有较为广阔的价格操控空间，一旦超越这一范围限制，对上对下都会带来不良影响。

四、每层代理中间，拿货价格控制在百分之十到百分之三十的区间较为合理。这样做的目的依然是确保各个层级都有利润可赚，而不是将利润集中在某一层级之上。

20. 新手微商如何选择团队

微商心语

选择团队要慎之又慎。强有力的团队，能有效协助我们迅速融入新的工作环境中去。

一个新手初步进入微商的圈子之内，常常会有手足无措的感觉，面对这一新型的商业模式，短时间内很难搞清其内部的真实情况，往往是单纯地刷刷朋友圈，发一些不疼不痒的广告，或者是选择一些不知名的产品去卖，最后一无所获。在这样的一种情况下，就会导致这些新人内心涌动着一种彷徨无助的情绪，并产生深深的挫败感。

所以，一个新手进入微商之后，首先是要选择一个正确的团队，依靠团队的力量来做事，借助团队的协助来发展，通过团队的培训获得长足的进步，这一切，都是团队所带来的正面影响作用。团队选择对了，做事的效果就会事半功倍；反之，在猪一样的队友误导之下，该犯的错误还会一直犯下去，直到最后自己灰心丧气、偃旗息鼓为止。

那么如何选择正确的团队呢？或者说，什么样的团队才是我们正确的选择呢？

一、团队产品要过硬。产品质量和知名度是做微商的基础，没有一个好的产品，销售工作的局面就难以打开。但是在实际操作中，很多微商新人不能够明白这样的一个道理，他们想当然地认为那些不知名的产品才有更大的利润操作空间，可见这种认识是多么肤浅可笑。一个没有影响力、美誉度的产品，在朋友圈究竟有几个人敢于下定决心去购买呢？

所以微商新人一定要牢记在心的是，必须选择产品过硬的合作对象，产品不过硬，我们拼价格没优势，拼服务没底气，失去了消费群体的好感和信任，微商也就难以做下去了。

二、团队的各项培训要过关，显示出专业的素养。新人既然选择团队，其目的就是依靠团队这一平台，让自身尽快地融入其中，学习到其中的诀窍和法则，如果团队本身不专业，或者是在指导上不能够做到认真负责，那么和不加入团队又有什么本质的区别呢？

团队在培训质量上分为以下两个方面。

一是培训新人售卖产品的技巧，教会他们如何寻找目标客户群。

这一点非常重要，新人大多不会售卖产品，往往只是简单地发布一些不痛不痒或比较杂乱的产品信息，产品信息不会巧妙搭配，很大程度上会引起他人的反感，所以朋友圈被屏蔽也是常见的情况。因此团队首先要在产品售卖上教授新人以技巧。

目标客户群的寻找也需要团队传授相关的诀窍，找到精准客户，销售起来就会节省很多精神气力，这是所有销售人员的共识。

二是相关的沟通交流话术的培训。微商的实质落脚在人的上面，是人与人之间开展交往的过程，所以精练、恰当的说话技巧也非常重要。有时面对一个有很大成交意向的客户，往往因为我们没有控制好说话的节奏而丢失掉了，确实极为可惜。而团队方面就要针对这些问题给予具体的培训指导，使新人尽快老练精明起来，能和客户紧密“融合”。

21. 微商社会化分销

微商心语

正确的微商社会化分销，对微商的发展壮大将会起到巨大的助推作用，使之在良性运行中获得长足进步。

微商的社会化分销定义是指，在一个垂直领域的范围之内，聚合兴趣爱好一致的志同道合人士，彼此之间对产品进行分享、评论和推荐活动，以此达到产品营销的目的。

社会化分销的范围一般集中在社区和互联网两个载体之上，在社区内部，以广告发布、消费群体点击购买的形式进行利润分成；在互联网层面，则主要通过为消费群体提供评论平台的方式，寻找到目标客户群。

微商的社会化分销是大势所趋，这是因为一方面朋友圈缺乏完善的交易机制，另一方面进行微店推广又显得比较烦琐，在这样的一个态势下，社会化分销便呼之欲出。

在具体分类上，微商社会化分销又分为互联网层面的拍拍微店、以导购类为代表的口袋购物以及第三方的服务平台三大类。梳理其结构和方式，会发现这一社会化分销模式有分享和推荐两大特色。

一、分享。分享是微商社会化分销的一个重要方面，也是社会化分销得以盈利的一个主要方式。从事微商工作一定要明白只有分享才会成就生意，形成较大的社会热点，产品的销售工作才会得以迅速地打开局面。比如我们直接向消费者推荐产品的时候，往往会引起他们的反感，而分享则能够有效地避免这一问题，让消费者的关注从被动转化为主动，如此我们分享的目标便能够良好地得到实现了。

分享的时候还要善于利用名人效应，一些行业达人或网络明星都可以成为我们分享的对象，他们本身在网络上具有强大的号召力和影响力，所以采取措施让他们参与产品的分享活动，会形成分享的热点和焦点，他们的认可能够极大地提高粉丝参与购买度。如此分享的态势一旦形成，便会由一个分为两个，两个变为四个，进而形成分享的裂变效应，社会化分销工作就能够趁势而为了。

二、推荐。推荐在社会化分销方面的作用也不可忽视。从事微商工作，我们一定要让自己具备敏锐的头脑和观察力，始终把握住时代的发展脉搏。比如现在随着时代的发展进步和移动互联网技术的异军突起，消费群体的购物方式和渠道选择发生了翻天覆地的巨大变化，一些传统类的搜索就显得不那么重要了，取而代之的则是朋友之间的转发评论，这其中蕴含着一个情感信任因素。

有了朋友转发的良性评论，在一边观望的消费者会不由自主地下定购买的决心，这种去中心化的分销模式，使得购买越来越方便简捷，受到人们的欢迎也就不足为奇了。

在具体的推荐方式上，我们可以采用转发、兴趣小组、加好友等多种方式进行，以期收到最大的营销效果。

选择合适的分销模式，对微商的发展将会起到巨大的助推作用，使之在良性运行中获得长足发展。

22. 微商分销的核心：不囤货

微商心语

做微商，应当全面了解和掌握微商分销的实质和核心，以核心目标为导向，开展多种形式的营销模式，做到不囤货。

随着微商的兴起，加入微商队伍的人员越来越多，但是要问他们加入的目的是什么，相信还有一部分人没有明确的答案。其实问题很简单，也非常好回答，加入微商的目的是通过销售产品的方式获取必要的利润，因此微商分销的实质和核心就是将产品售卖出去，只有售卖出去才能转化为切实可见的利润，其中不囤货是重中之重。

那么如何才能够做到不囤货呢？相信这也是所有微商共同关注的焦点，没有人愿意将货物积压在自己的手中，不论是企业还是分级代理，尽快销售出货物才是王道，所以微商分销才应运而生，他们采取微商联盟的方式，组建微盟平台，拉近和消费者之间的距离，以实现产品快速销售的目的。在具体操作方式上，我们不妨参考以下几种有益的做法。

一、做好业务推广工作，扩大影响力。任何一款产品都需要被消费者所熟知，有较为广泛的影响力，这样开展销售工作才会通畅顺利。微商分销工作也是如此，做好这一工作的前提就是充分利用各种社交平台，对营销产品宣传造势，获得较大的认可度。

二、引入第三方监管。微商被人所诟病的地方就是缺乏有效的第三方监管，质量问题一直是消费者所关注的焦点。所以在微商分销工作上，应当积极主动引进第三方的监管工作，打通和消费者信任的隔阂，使他们放下疑虑，敢于购买产品，这样对产品的营销活动将会产生巨大、良好的正面影响。

三、以去中心化为导向，组建微商服务平台。去中心化的目的就是将销售一方和购买一方紧密地联系在一起，减少中间环节和不必要的流通费用，在最大限度让利消费者的基础上实现双赢的效果。

四、严格的产品质量，独特的产品消费定位。产品质量永远是营销工作的重心，尤其是在现今这样一个商品过剩的时代，想要在激烈的竞争中取得一席之地，产品质量是一张永远有效的“通行证”。微商分销也是如此，消费群体越来越注重产品的质量，而非以往单纯地关注价格，这也反映了人们消费观念的剧烈变化，因此掌控产品品质工作丝毫不能放松。

同时在产品定位上，要突出消费特色，重点研究和分析消费者关注的地方，弄明白他们内心的消费倾向，是重在健康营养还是重在绿色环保？有了清晰可见的产品定位，囤货的情况再也不会出现。

随着时代的发展和微商营销模式的逐步转变，囤货这一方式已经越来越不适应社会主流营销方式了，因此从改变自我观念做起，积极顺应时代变化的节奏，才能在复杂多变的市场竞争中立于不败之地。

23. 微商代理管理技巧

微商心语

掌握管理技巧，才能够形成有效管理，否则头疼医头，脚疼医脚，最终自乱阵脚。

微商层级的设置和代理商的加盟，其中必然要产生相应的管理工作，依靠巧妙的技巧和方法来对微商代理进行管理，会使我们的工作清晰顺畅，不至于出现手忙脚乱、应接不暇的混乱局面。

一、榜样激励管理。树立榜样，一方面可以有效激励其他代理商，另一方面也使得榜样自身充满更大的工作热情，带动大家克服各种困难，奋勇前进。

二、以远大目标激励为导向加以管理。每个人只有树立发展目标，才会有无穷的奋斗动力。微商代理也是如此，给他们以目标激励，激发他们的潜力和创造力，将有助于盘活营销局面。

三、尊重激励管理。尊重每一位代理商，将其当作生意上最为宝贵的合作伙伴，将会极大地赢得他们的好感和信任，促使双方在高度互信的基础上开展更为紧密的合作。

四、授权激励管理。有责任才有担当精神，这是管理学上最为核心的精神内涵之一，给代理以相应的权力，将会充分调动其工作积极性，以更加主动的精神提高营销工作效率，创造出更大的价值。

五、以无障碍沟通交流为基础进行有效管理。我们想要和代理商保持良好的关系，其中一个重要的方面就是谈话沟通，将矛盾和分歧摆在桌面上，然后层层开导，化怨气为动力，变怀疑为理解，为代理商的营销工作加油鼓劲。

六、灵活运用信任“法宝”夯实管理基础。信任是人际关系交往的重要法则，没有信任就没有合作，就难以实现互惠共赢。所以给予代理商以充分的信任，激发其自信心，促使其忘我地投入营销工作。

七、具备宽容、大度的胸襟。宽容、大度的胸襟气度是一种柔性的管理力量，这一力量相比较于疾风暴雨式的指责批评，更能使我们的意见传递到对方内心最深处，所取得的管理效果也更好。所以，依据实际情况，不妨给他人一次改正的机会。

八、适时、合理的表扬赞美。人是情感生物，有着复杂的思想情感活动，都希望自我的付出能够得到他人的认同和肯定。所以我们应当多去赞美和表扬代理商，发现他们身上的长处，如此能够使得代理商爆发出更大的工作热情。

九、以竞争促发展。“流水不腐，户枢不蠹。”竞争的存在可使得事物有无限的生机和活力。代理商管理工作也应如此，树立目标，鼓励他们适当开展良性竞争，将会使我们收获到意外的惊喜。

十、以情动人。情感管理也非常重要，遇到问题的时候不疾不徐，面对面地和对方坐在一起开诚布公，晓之以理，动之以情，其所具有的说服效果非常显著。因此对代理商打“情感牌”，也是一种行之有效的管理方法。

十一、奖惩结合的管理方式。有奖必须有罚，反过来，有罚必须有奖，以此形成管理工作的良性运转。对代理商的管理必须遵循这一法则，过分的宽容放纵有害无利，最后小患发展成大乱，一发而不可收拾。

十二、打造团队文化，以文化来管理人。文化是团队的旗帜和灵魂，能够有效约束下属的行为，所以在微商代理管理中文化也不可或缺，以其来形成凝聚力和向心力。

第三章

沟通决定效率
——有效的沟通胜于雄辩

24. 会卖货的微商才是好微商

微商心语

一切营销工作重心应当围绕产品的销售而运行，以顾客实际需求为导向，以引导为手段，达到有效营销的良好目标。

从事微商工作，最为重要的是将产品销售出去，这样才能够在产品流通中获取自身应得的利润，相信也不会有人纯粹认为微商好玩而贪图新鲜、好奇才加入进来，无效劳动对每一个人来说都是一种情感伤害。

所以，评价一个微商是否成功的首要标准是看对方能否将产品销售出去。而这一过程中，微商从业人员应当以踏踏实实的勤恳精神，一步一个脚印，在打造自我营销品牌的基础上搞活营销工作。

一、掌握巧妙的沟通技巧，从事微商也要和形形色色的人群打交道，说话技巧就显得非常重要了。 如果对方来咨询我们的产品，就意味着这些人已经有了初步的购买意向，因此对这一宝贵机会一定要牢牢抓住，以高超的谈话引导技巧使得对方认同我们的产品，真情实意地回答他们的疑问，不做作，不敷衍，赢得了对方的肯定，下一步的购买工作就显得顺理成章了。

二、以信任为情感纽带，加强和消费群体的密切联系。微商营销其实也是个人品牌营销的一个重要体现，人品在其中起着无比重要的作用。这是因为微商所在的圈子是一种人脉广泛的社交圈，我们能够给消费者以无限的信任，给他们提供有用的价值，杜绝残次品的出现，自然就会吸引无数人的关注，购买意向也就由此形成。

三、维护好老客户，形成稳定的客源。相关研究表明，开发一个新客户所花费的成本是维护老客户成本的五到六倍，换言之，维护老客户所花费的时间和精力要远远小于新客户的开发，从时间成本和利益回报比来看，无疑维护老客户更有收获。因此在具体工作上，我们要把管理做精做细，详细保管好客户的各种信息，清楚知道对方的喜好倾向和购买规律，给予他们充分的重视和关怀，肯定会紧紧俘虏老客户的心，这样我们宝贵的客源也就有了切实的保证。

四、以精准营销为导向，注重细节。微商中最大限度地搞好营销工作的关键在什么地方？其实问题很简单，就在于有效目标客户群。每一个人的精力都有限，所以漫无目的地撒网不如开展精准营销更有效率，如此将有限的精力运用在有成效的消费者身上，所产生的收益也最大。

举例来说，我们从事化妆品的销售工作，但每款化妆品都有其独特的功效，有些是防晒的，有些是去除油脂的，有些则是祛斑的，功能不同所以客户的具体选择也不一样。这个时候就需要我们认真细心地收集客户的资料，侧面了解他们的现实需求，将其爱好、购买倾向记录在案。当社交圈内某一客户咨询的时候，我们可以有针对性地向其推销相关产品，这样一来营销的成功率就会大大提高了。

25. 好产品是有故事的

微商心语

一个优秀的品牌背后，都有着一段优美的故事，通过讲故事的方式，将产品的理念和内涵传递给消费者，是营销中一个非常巧妙的方式。

生活中人们最喜欢的事情之一就是能够听到一些曲折动人的故事，要是故事悬念迭起的话，很容易让人们为之津津乐道，无疑也给生活增添了无数的谈资和乐趣。那些故事性强、教育意义深的历史事件总能长久地流传下来，其中的主角人物更成为人们寄托美好希望或者是针砭时弊的代言人，其原因都要归结于故事的传奇性和有趣性等特点。

对于一个产品的成长也是如此，品牌文化是品牌传播过程中的软实力，能够起到和消费者良好沟通的效果。因此微商从业者可以用柔性传播的方式，给大家讲述一个动人的品牌故事，或者是制造一个优美的故事出来，以此来感动人们的柔弱的内心，从而让产品的形象在人们的心目中逐渐地完善、丰满、立体起来。

换言之，产品成长背后的故事越离奇、越波折，就越能引起人们的好奇和膜拜心理，无形中就增添了对产品的好感印象分数，这也是许多著名品牌所采用的方法，其背后的故事大大增强了产品传播的有效性和延续性。

“钻石恒久远，一颗永流传。”这一句经典的推广宣传语后面就曾隐含着一个信息丰富的品牌故事，无形中使爱情中的男女产生了对美好未来的期许之情，这个时候他们的情感购买倾向是什么就可以一清二楚了。

不难看出，一个奇特、有趣、波折、动人的故事对产品的营销工作具有无比巨大的推动作用。故事本身所具有的神秘性、传播性以及延续性等诸多特点，也能有效地使它所蕴含的内容伴随着产品的营销而为广大消费者所熟知，从而使产品和故事这两者之间形成了一个相互促进又相得益彰的共生局面，在你中有我、我中有你这一不可分割的关系中一起成长进步。

因而也可以说，产品畅销的关键之一就在于产品背后的故事，一种类型的产品想要在短时间内被大家所熟知并接受，那么就应当有一个动人的故事在背后默默地起着支撑作用，它一传十、十传百的传播将极大地提高产品的知名度和影响力，这要比单纯的演讲介绍要有用得多。

由此可见，好产品意味着一种强大的品牌影响力，而品牌的概念具有定义性和宣传性的特质，它通过讲述品牌的来源和历史，从而加深了消费群体对其内涵和精神实质的认知程度。一个娓娓动听的品牌成长故事，甚至胜过铺天盖地的宣传推介，让消费者在津津乐道之中形成高度认同的思维定式。正如肯德基一样，它的创业者曾经历种种磨难和挫折，这一不屈不挠的传奇故事无形中加深了顾客的良好印象，购买欲望转化为一种思维定式在不知不觉中就悄然形成了。

我们还需要认识清楚的是，产品背后动人的故事只是一方面，首要的前提还是做好产品的质量，过硬的产品性能是产品流转的切实保证，离开了这一点，那么产品的故事也就成了无本之木，只不过是昙花一现罢了。

26. 引导客户去思考

微商心语

“引导”一词的重心在“引”上，以“引”来掌控沟通交流节奏，顾客按照我们的思路走，营销工作算是成功一半了。

做微商，需时时刻刻和不同人群打交道，所以说话的技巧就显得尤为重要了，这是商业活动中营销人员所必须掌握的一大取胜诀窍。

很多人也都能够明白说话艺术的重要性，但是在怎样说、如何说的问题上迷惑不清，往往因为掌控不了谈话的节奏，使得原本可以签下的单子在最后关头化为乌有，这个时候再去懊悔有什么作用呢？关键是要让自己拥有敢说话、会说话的能力，化不利为有利，变被动为主动，一步一步达到我们所期望的营销目标。

在这一点上，引导客户去思考是说话艺术中值得关注的重点。从实质上看，引导客户思考，其实也是控制谈话节奏的一种表现，在谈话全程中始终主动掌控局势和气氛，可达到“不战而屈人之兵”的良好效果。

一、引领客户的思路，让他们自己点头表示赞同。我们在从事微商工作的时候，常常会遇到这样的一个情况：介绍产品，尽管我们将产品的各项优点都一一罗列出来，以至于口干舌燥，但依然无法获得客户的认同。如果局面发展到这个地步，预示着我们的营销工作已经失败了，因为无法再进行下去，多说无益的后果只能够让我们选择闭嘴。难道真的没有办法了吗？

答案是否定的。这就需要我们在和客户打交道的时候，不妨转换一下角度，根据合适的时机进行适当引导，做出一副倾听的样子，认真聆听他们对产品的直观感受，中间可以穿插自己的一些话语，比如询问他们是否看见亲朋好友使用过这一款产品，质量怎么样？性能又如何？这样一步步引导下来，最后客户就会不由自主地给出我们想要的答案，这个时候我们就可以顺势而为了，再去谈论产品的优良之处就很容易引起对方的情感共鸣了。

二、始终掌控沟通交流的主动权。倾听客户的意见，并不意味着我们放弃了沟通的主动权。如果客户的言语符合我们的想法，那么就让对方继续说下去；若是有跑偏的情况，我们就立即发出声音，以委婉的语气引导对方继续就这一话题谈论下去。

实际营销工作中有一部分人员没有对这一问题给予高度的重视，和客户沟通之时，一开始还能够掌控全局，但慢慢形势发生了逆转，变为客户主动沟通的情况，这样一来，我们就很容易被客户牵着“鼻子”走，一旦被动起来，就很可能无力回天了。

三、引导客户思路还要注意避免难堪情况的出现。引导是用我们的思维在前面“带路”，而不是反问和刁难。很多营销人员不懂得这样的道理，将引导之语变成了诘难，常常弄得客户颜面无存，试想出现这种情况还会有成交吗？

四、专业知识丰富才能够有效引导。我们作为卖方，自然需要对产品各方面的性能了如指掌，并以此来作为随时回答顾客提问的知识储备，也可以因此而清楚地知道什么话能说、什么话要回避。一旦顾客比我们懂得还多，开起口来滔滔不绝，我们还怎么去引导对方呢？

27. 让产品特色去说话

微商心语

以产品的特色去说话，有时比人的宣传介绍效果更好，因为实力在那儿摆着，这就是以个性魅力来征服人心的现实体现。

在微商营销活动中，除了营销人员专业的介绍之外，其实还有一个不被人察觉的第三者能说话，这就是让产品去“说话”。让产品去“说话”，如果用更为严谨的说辞来描述，就是要让产品的特色去“说话”。

也许有人会提出疑问，产品从属于物的特性，没有嘴巴，没有思想情感活动，又怎么让它说话呢？当然我们也知道产品肯定开不了口，不像我们人类那样直接遣词造句和人进行交流。我们这里所说的“用产品特色去说话”，本质意义是指让产品以其自身的质量、设计、产品制作工艺等各个外在和内在美来展现与众不同的地方。

我们在逛商场的时候也常常有这样的一个感受，货架上琳琅满目的产品，我们在略微扫视一番之后，立即就会在自我的脑海中形成初步判断：喜欢哪一件、讨厌哪一件。这种情形其实就是“产品以特色说话”的重要表现。如果产品没有独特鲜明的外观，又如何初步吸引住我们的注意力并作出初步判定呢?

所以，用产品特色去“说话”，需要我们做好以下几个方面的工作。

一、用产品的包装来说话。每一件产品都离不开特定的外包装，除了防潮、防撞等实用性功能之外，更多是为了展示产品的外在之美。俗话说“人配衣裳马配鞍”，比如精美大气、简便易携的外包装往往是取得消费者心理认同的第一印象，消费者一眼就喜欢上产品的包装，并由此产生购买欲望的事例也非常常见。其实仔细想想，喜欢往往是第一位的，眼中看着舒服就要买，也是一种消费理念。

二、以产品的工艺制造来说话。外包装之后，就是产品的工艺制造了。工艺是产品外观设计、整体造型以及生产方用心程度的直接体现，从更深层次上看，还是产品质量的一个重要参考指标。生活的经验告诉我们，一个粗制滥造、外形设计恶俗的产品又怎么可能会有好的质量呢？不要说消费者的眼光挑剔，换一个角度思考问题，在产品的设计这一“脸面”上都不肯下功夫，还指望企业能够严把质量关吗？道理是如此浅显易懂，不需要多费口舌。

三、以产品的质量说话，这是产品说话系列中的重中之重。产品质量的重要性无需多言，质量的好坏关系到产品品牌的影响力和美誉度，没有质量势必难以长久生存。要知道消费者的眼光也是雪亮的，大多数时候谁好谁坏稍微比较鉴别一下就可以有正确的判断。

四、以合适的代言人和恰当响亮的广告语说话。上面几种“说话”是产品的硬实力，而代言人和响亮的广告语则是软实力。代言人方面以对方的知名度、亲和力、时尚感为主要参考指标，并结合具体消费人群加以正确选择。

广告语方面，通顺、响亮、朗朗上口而易读易记则是其主要的几个标准，给人一种眼前一亮、听后会心一笑的审美享受。有时候一个叫得响的广告语胜过巨额的代言费，其传播效果不容小视。

28. 价格不是问题，问题是客户需求

微商心语

很多人认为价格影响客户需求，这是一种错误的认知，需求才是本质，相中了产品，价格真的就不是那么重要了。

从事微商工作，和消费者的沟通交流必不可少，而沟通和交流的目的一是有效拉近和消费者之间的关系；二是在沟通和交流的过程中了解和掌握消费者的购买倾向和真实需求，这就好比是练习射箭一样，目标明确了，才能够有较强的针对性，如果漫无目的地胡射一气，相

信不会有任何的收效。

所以，在产品的售卖过程中，把握客户的消费需求是重中之重，一旦能够从中窥察到对方的购买目标，那么接下来的谈判、售卖就显得轻松容易了。

在具体沟通、交流过程中，我们应当采取发问和行动相结合的策略，多方位、多渠道地探听到客户内心的真实想法。

一、学会主动发问。和客户初次接触，我们在简单的开场白之后，就要主动发问，比如可以这样说："我能给您提供一些什么帮助呢？"或者说："您需要什么服务？"主动发问可以初步掌握客户的基本信息，也有利于打造贴心的沟通气氛，坐在一边等待客户主动询问，是销售工作中的大忌讳。

二、善于运用连续发问技巧。在沟通中，连续发问可以让顾客缺乏个人思考时间，跟着我们的思路走，这样对方的信息就会在不经意间暴露了。比如我们从事化妆品销售，就不妨这样连续发问："平时您主要使用哪些品牌的护肤品？使用过程中有没有副作用？你对护肤品的首要要求是什么？"如此连续发问之后，客户以往生活中使用护肤品的整体情况基本上就被我们掌握到了。

三、观察之后的提示性发问。提示性发问也是为了引导顾客按照我们的思路往前走，始终掌握沟通、交流过程中的主动权。还以化妆品销售为例，和顾客简单交谈之后，我们不妨采取这种提示性的发问："我观察大姐您的皮肤偏向油脂性，是不是在日常中您也非常注重这方面的保养和护理呢？"如此一来，对方自然会顺着我们想要得到答案的方向走，这样就轻易地把控住全场的谈话节奏了。

通过几种方式的有效提问之后，我们基本上就将客户的信息掌握住了，接下来就要求我们应当采取适当的营销行动，及时把握机会，将产品推销给消费者。

一、当场示范。客户的心理诉求清楚明了之后，我们要以当场示范的方式来赢得对方的进一步信任。比如可以直接拿出符合顾客心理需求的产品，将其性能展示给顾客看，由于前期工作做得好，明白顾客想要什么，所以示范就会有更强的针对性，能极大提高下单率。当然示范要根据不同的产品特性，有些产品不具备当场示范的条件，所以在具体操作中要灵活对待。

二、推荐试用。有部分客户在全面了解了产品的信息之后，还有一些疑虑心理，这是人性使然，我们所做的就是不必操之过急，不妨先推荐对方试用一下，切实感受产品的质量。比如化妆品行业常常有小赠品直接赠送，然后耐心等待客户后续反应。

29. 最有效的沟通是“换位”

微商心语

换位，是指能够站在客户的立场上考虑问题，所以一要做到谈话角色换位，聆听顾客的心声；二要做到情感换位，想客户之所想，以求知己知彼，无往而不胜。

从事微商，沟通交流非常重要。但是在很多销售人员的观念中，沟通交流的侧重点在于顾客一方，换言之，他们重视了解客户的各种现实需求，认为只要把握住客户的真实想法，一切问题都可以迎刃而解，但事实真的是这样吗？

其实关于沟通、交流的内涵与实质，它所指的是沟通的双方性和互动性，不仅在于客户一方，也在销售人员一方。进一步理解，在沟通交流的过程中，我们需要了解客户，客户也希望能够了解我们，这是一个双向的信息流动。因此说沟通交流从本质讲就是一种“知彼解己”的过程，将了解他人和表达自我充分结合起来，然后站在客户的立场上去考虑问题，做到沟通“换位”，如此就会使得沟通效果更为完美。

沟通“换位”，首先是说话角色的换位，一开始我们主要去说话或提问，打开场面气氛，做到不冷落客户。但随着双方接触时间的延长，我们可以适当“换位”一下，让客户提问或倾诉，我方做好倾听的角色。

因此在双方的交流活动中，我方除了发问之外，适时的倾听也很重要。虽然我们一直强调沟通过程中主动权的重要性，但并不代表我们一直以咄咄逼人之势提问客户，因为对于部分客户来说，过多的提问会引起他们的反感心理，有时干脆直接拒绝回答，这样将场面气氛搞得很尴尬，一时之间无法寻找合适的退让台阶，所以发问要适当、合理，时不时作出倾听的姿态。

第一，站在客户的立场上倾听。对待客户所反映的问题要抱着真诚倾听的态度，重视他们所提出的各种问题，并适时提出解决办法。这种倾听态度能够有效使得人与人之间潜在的防备心理迅速得以消除，增进彼此的信任和好感。

第二，使用一些肢体语言。比如在倾听的过程中多使用微笑、向前倾斜身子、点头等带有丰富信息的肢体语言，以表示我们对客户的重视程度，这样有助于对方敞开心扉、畅所欲言。

第三，就是情感换位，把自己想象成客户，然后反向思维，如果客户遇到举棋不定的时候，应该怎么去做。比如当客户一直迟疑犹豫之时，我们不妨以退为进，告诉对方不要急着下决定，要考虑成熟，多方选择，确保自己买到称心如意的产品。如此一来，反而更能赢得客户的好感，认为我们不是在强迫推销，同时对所售卖的产品质量有着强大的自信心。在这样的一个思维定式下，往往能够激发客户签单的决心。

所以说情感换位也非常重要，站在客户的立场上考虑问题，更能把握到对方内心最为真实的想法，消除他们的疑虑之后，接下来的销售工作的成功率就会得到成倍的提升。

30. 微商开场要善用“热词”

微商心语

开场是为了活跃气氛，为下一步的沟通打基础，所以结合微商的网络语境，多去使用一些亲切、简洁的热词。

在和客户的沟通交流中，开场白用语非常重要。一个好的开场白将会有效拉近我们和客户之间的距离，让对方在感受到亲切、温馨的言语环境下和我们作进一步的交流。所以对于销售人员来讲，开场白用语是他们极为关注的一个方面。

比如在初次拜访一个客户的时候，我们常常会以这样的话语作为开场白：“先生您好！很高兴能够见到您。我知道您的时间非常宝贵，因此我在这里并不想浪费您过多的宝贵时间，虽然我们公司旗下的产品极其出色，但我也不愿意将那些您不需要或者是对您不合适的产品销售给您。诚恳地讲，对您的情况我不是太了解，所以在这里我想先聆听一下您的讲解。”

分析上述开场白，“先生（或女士）您好”一语是大家经常使用的词汇，这是一种对对方的尊称，初次见面，尊重、亲切的称呼会让对方的防备心理松懈下来，愿意倾听我们后面的讲解。“先生（或女士）您好”之后的话语，则是进一步介绍此行的目的、用意以及谦虚委婉的请求，作为开场白用语的一种铺垫，起到更好的气氛渲染作用。

可以想象的是，如果我们换位思考，自己是对方需要拜访的客户，听到这样的一句开场白，是不是也会感到非常受用呢？对方话语饱含尊重之情，遣词造句不亢不卑，即使当时手头有事，或者是心情不佳，但常常也不会拒绝对方的美意，这就是开场白用语所带来的巨大交际魅力的体现。

而我们从事微商的人士，也和客户打交道，沟通交流工作流程一个也不能少，所以在开场白使用规范上也必然要遵循上面所讲的法则。但和一般意义上的销售工作不同的是，微商有其独特的网络环境，是伴随移动互联网技术飞跃发展的时代产物，所面对的人群也是理念先进、时尚个性以及在年龄上比较偏小的一类群体，所以在具体开场白的用语之上，既要使开场白用语体现出应有的尊敬之情，还要贴近消费群体的心理，有浓厚的生活气息，轻快、灵动、简洁是其重要特色。

比如在和客户打招呼的时候，如果分不清对方的性别，那么就不妨使用“亲”这个称呼，一个“亲”不仅读起来简洁有力，并且有一种天然自来熟的味道在内，可以在短短的时间内和对方建立亲密的情感关系，因此“亲”这一微商开场白用语便成了一大热词，并被相关从业人员广泛使用。

如果能够清楚地区分对方的性别，这个时候就可以使用“帅哥”“美女”一类的称呼，这种称呼是一种赞美，每个人的内心深处都渴望自己是风流潇洒的男士或女神范儿十足的女生，因此“帅哥”“美女”也是微商开场白用语的热词之一。

上面是我们主动打招呼的称呼，有时对方主动打招呼，这个时候我们还可以使用“嗯嗯”“呵呵”这些词语作为语气的辅助来回应对方。比如对方打招呼：“在吗？”我们就可以回复：“嗯嗯，在呢，亲！”回应有了，称呼有了，沟通的局面就打开了。

31. 微商客户异议处理技巧

微商心语

顾客是上帝，顾客是我们的衣食父母，无论怎样去处理和顾客之间的异议，最为重要的一点就是始终要让自己抱着“顾客是对的”的态度来处理问题。

从事微商在和客户打交道的过程中，不可避免地会出现种种异议，对此我们要抱着平和的心态看待，有矛盾很正常，处理完美，依然可以达成交易协议。所以学会异议处理技巧，对微商销售工作来说具有重要的意义。

一、日常的充分准备。准备工作是前提，准备工作做好了，当我们遇到同类性质问题的时候，就会不慌不忙，按照既定计划加以协调，将矛盾化解于无形之中，双方重新展开愉快的合作。因此在日常生活中，我们就要让自己多留心观察，学会总结梳理和归纳的方法，记录一些客户经常出现的问题以及处理技巧，如此矛盾发生的时候，就可以从容应对了。

二、学会使用间接否定法。顾客提出不同的意见，我们不要急着去直接否定，这样会让对方很没面子，有时候也许是一个非常小的问题，但由于我们的直接否定，反而使得顾客怒火填胸，激化矛盾的严重程度。正确的做法就是先肯定对方所提出的意见，然后使用转折的语气，比如“但是”“虽然”等词语，将自己的看法见解说出来，逐步消除对方的误会。

三、利益补偿法。有些顾客喜欢“鸡蛋里面挑骨头”，原本一些并不是问题的事情在他们口中变得非常严重。对待这些顾客，千万不要和对方较真，针锋相对于事无补，正确的方法就是赠送对方一些产品，以利益来封住对方之口。

四、因势利导处理法。顾客对产品提出异议并非全部都是坏事，有时候我们可以因势利导，化害为利。例如有些顾客提出我们产品价格较贵的异议，我们就可以这样回答对方，“我们的成本决定了我们产品的价格，如果以次充好，价格虽然便宜一些，但质量下来了，这是对客户的欺骗”。这样的回答相信会让顾客关注焦点立即延伸到产品的质量上面，他们也就不再斤斤计较价格问题了。

五、反问处理法。在具体销售工作中，我们还会经常遇到这样一类顾客，他们在对产品详细了解之后，就会说："现在我暂时还没有购买的意思。"或者说："先过一段时间再说吧，等我再考虑考虑。"面对这样的顾客，我们不妨使用反问的技巧。比如反问对方："产品质量您也了解过了，非常不错，为什么不立即出手呢？也许过一段时间就会调价。"通过这种反问的方式，会让顾客犹豫迟疑的心理得到缓解，强化他们的购买欲望。

无论处理顾客异议的技巧有多少种，需要我们始终记住的一个中心点就是顾客的意见永远是对的，不要和顾客争论产品质量或价格的好坏，不要抓住顾客问题的漏洞和他们争论不休，那样做只能够令我们更快地失去顾客，表面上看似占了上风，其实最终输掉的是我们自己。

32. 聊天式销售八大技巧

微商心语

聊天式销售，最为重要的是以轻松有趣和顺其自然的方式进行，不要刻意为之，也不要谈论对方反感的话题。

从事微商，少不了和顾客的交流沟通，但交流沟通过程可以并不完全围绕产品进行，很多时候双方在产品之外还要谈论一些其他生活、时事问题，也许在有些人眼中看来，这样的聊天内容实在浪费时间，和产品销售没有多大的关系。其实他们所不知道的是，双方在聊天的过程中如果能够找到共同感兴趣的话题，或者是微商从业人员能够充分调动起顾客的聊天兴趣，将极大拉近彼此之间的情感距离，人是一种情感生物，情感距离拉近了，好感和信任也就会大幅度地提升了，这样再去和对方谈论销售工作，自然就会水到渠成了。

那么，我们在采用聊天式销售过程中，需要注意哪些方面的问题呢？或者说，其中的技巧都在什么地方？

一、首先要学会善于倾听。倾听一方面是为了显示我方对对方的重视和尊敬之情，另一方面是在倾听之中寻找到顾客最为感兴趣的话题，为下一步的聊天打好基础。

二、适当谈论一些时事新闻。微商工作的主要对象相对都是一些网迷，他们有上网的便利，有了解各种国内、国际大事的渠道，所以这个时候不妨聊一些新近发生的重大新闻，以增进彼此的信任度。

三、分享自我经历。从心理学角度看，人们都有渴望理解陌生人生活经历的欲望，因此在聊天中，我们也可以采取这种方式，适当地讲述一下个人的生活或工作经历，敞开心扉以真诚的姿态和对方交流沟通，有时这种交流沟通会让对方将我们作为好朋友看待，如此对我们的销售工作会起到极大的推动作用。

四、适时赞美对方。如果聊天的场景是面对面的交流接触，我们就可以从对方的衣着打扮以及言行谈吐中入手，给对方一些小小的赞美，以赢得顾客的欢心。当然这种赞美一定要适时、适度，过分的夸奖反而会使效果适得其反。

五、关心对方的生活。这种聊天方式适用于老顾客，或者说是我们已经接待过一两次的顾客，对顾客的生活情况有了一个大概的了解。因此这个时候我们要从关心对方入手，比如可以询问："您儿子升初中的问题解决了吗？"或者问："近来您父母的身体怎么样了？好转些了吗？"这种聊天方式会使顾客感觉我们一直在关注他们的生活，感激之下就会有下单的倾向了。

六、聊天的气氛和话题要轻松有趣。既然是聊天，就不能谈论过多沉重的话题，压抑的话题会让彼此聊天的气氛越来越沉重，显然这样是不利于销售工作的。因此在聊天过程中，尽量选择那些轻松有趣的话题，开怀大笑之后，彼此的情感联系就更加紧密了。

七、聊天要顺其自然。聊天的实质是随性而谈，过于专业的问题会让顾客无所适从，这样就失去了聊天的作用。

八、不要涉及敏感或忌讳问题。对于顾客不愿面对的问题，我们也不要主动涉及，有时对方遇到了情感问题，主动提起我们可以开导一下，对方不说我们也不要提及，以免对方尴尬。

33. 恰当地亮出产品优势

微商心语

产品介绍应抓住顾客最需要的地方，突出重点，突出优势，突出特色，没有优势的产品就意味着没有市场，切忌面面俱到。

微商销售工作，重心是产品，一切的宣传推介的落脚点依然在产品身上。但是在具体的销售工作中，许多微商从业人员所常犯的错误是只知道一味地去讲解产品的特点，比如使用材料、制作工艺等，却忽略了产品的优势所在，因此他们往往讲了很长时间，甚至是口干舌燥，自以为面面俱到，实际上却是泛泛而谈，没有收到最佳的营销效果。

其中的原因就是缺乏对产品优势的重点介绍，我们需要清楚的是，每一款产品都有其特点，正像人类自身一样，高、矮、胖、瘦各不相同，但问题的关键是，产品的优点主要表现在什么地方呢？或者说，我们的产品能够满足客户哪方面的需求？能够为对方带来什么实际的利益和好处？这些才是问题的关键之处。

所以在具体推介产品的时候，我们应当及时、主动地亮出产品的优势，以优势来打动顾客的内心，激发他们潜在的购买欲望。

一、对于代理商，要突出产品的差别优势。差别优势是指竞争对手产品所不具备的利益点，也是我们产品独特的卖点所在，这才是销售工作的重点。比如我们在招聘代理商的时候，想要打动对方，就必然要从产品利益的差别优势上下功夫。这个时候我们可以向对方讲解所代理产品技术实力、服务信誉等方面的优势所在，同时指出相较于竞争对手，我们所代理的产品具有广阔的市场和超低的风险，完全可以放心加盟。通过这样的讲解方式，就充分展示出了产品所具有的独特优势之处，也能够从根本上打动代理商的加盟心思。

二、对于顾客而言，要重点讲解产品的要点和对他们所带来的利益。一件产品包含有无数的信息，质量、性能、功效、价格等多个方面，我们在具体介绍的时候不可能、也没有必要去面面俱到，越是想全面介绍越抓不住重点和关键的地方。正确的方法就是从顾客最为关心、最感兴趣的地方入手，以此来激发他们的购买欲望。

举例来讲，一个顾客最为关心的是自己脸上的痘痘，满脸痘痘严重影响个人的外在形象。因此在面对这一类顾客的时候，我们在产品介绍的时候就要在痘痘上“做文章”，先去了解对方皮肤的特质，帮助对方分析痘痘产生的原因。在有了初步的了解之后，我们就可以结合自身售卖产品的特性，向对方推销合适对路的产品，推销过程中当然要详细地讲解一下这款产品在治疗痘痘方面的优势，相比较于其他产品的独特功效之处。相信以这样的一个流程去介绍，一定可以促成交易的形成。

34. 有效晒出你的客户见证

微商心语

客户见证，是一种有效的说服证据。利用好客户见证，会极大推动我们营销工作的开展。

生活中我们常常有这样的感受，说得再好不如切实有效的证据更有力。有时候在论证一件事情的时候，争论双方为此吵得不可开交，谁也不会轻易低头认输。这个时候最好的办法就是一方拿出有利的证据，真真切切的证据摆在面前，对方也就无话可说了，这就是证据所具有的无可辩驳说服力的体现。

对于微商销售工作也是如此，很多时候我们一番长篇大论之后，对顾客并没有太多的说服力，还是难以打动他们。如果能够在此时亮出我们大把的交易见证，其效果就会发生大幅度逆转，顾客看到之后，很少再有迟疑不决的心理了。

所以，有效晒出我们的客户见证，是开展营销工作必不可少的一种手段，其效果主要有这样几个方面。

一、让客户产生无法抗拒的心理。和客户沟通交流，目的是促成产品的销售，而有力的客户见证，将是说服对方的最好理由。

二、全面清晰的客户见证，是一种产品价值体现。顾客需要什么？很明显，需要的是产品独特的价值和优势，而客户见证则恰好解决了这一问题。我们通过全面清晰的客户见证，能够使顾客亲眼看到产品的优势和价值体现，如此更具说服力。

三、客户见证，是一种刺激心理学方法的运用。我们在微信朋友圈晒客户交易记录截图，或者是其他用户的使用评价，将会使得那些还处在犹豫阶段的顾客有一丝丝的遗憾感觉，后悔当时没有及时下单，否则早已享受到产品的便利和功效特质了。这种方法就是心理暗示的一种，暗示对方应该出手了。

除了上面所列举的几条之外，客户见证的效果还有很多，但效果是一个方面，怎样合理利用这些效果又是一个方面，也就是说，我们要及时晒出有效的客户见证，还要用巧妙的方法去晒。

一、晒出客户见证，要直接晒出结果。客户见证的一大特点是简洁有效，以最为直观的画面感给顾客以视觉冲击。所以在晒的时候，不要将烦琐的过程呈现给大家，直接晒结果就可以了。过多的交易过程顾客也不会有多大的兴趣，同时会影响到最终交易成功的吸引力。

二、除了图片之外，数据化的见证也很有效。客户见证大多时候可以采取截图的方式，告诉顾客以结果，但有时详细的数据更有说服力，数据更为明了直观。所以我们不妨将两者充分结合起来，以截图为主，数据化的表格呈现为辅，双管齐下，收获最佳效果。

三、晒一些有名气的微商大咖的见证图。微商大咖作为微商领域的知名人士，其事业的成功有着强大的影响力，说服力更为有效，所以适当采取措施晒一些微商大咖的见证，对顾客的打动效果会更好。

35. 有了新客户，别忘老客户

微商心语

新客户要开发，但老客户还要维护，用心经营自己的客户关系，才能够全面打开营销局面。

生活中人们都有喜新厌旧的心理，看见新鲜的事物就会忘记旧有的东西，这是人性的一大表现。但对于从事营销工作的我们来说，切忌不要让自己有喜新厌旧的情感出现，新顾客要开发，而老顾客更要维护，新老协调同等重视，我们的客源才会呈现出源源不断的局面。

而且相关研究表明，开发一个新客户的精力要远远大于维护老客户，我们在从事销售工作的时候也常常会有这样的感受，和新客户打交道，需要花费我们大量的时间，但最终能不能达成交易还在两可之间。而那些老客户则完全是另外一种效果，有时仅仅三言两语，他们就会下单购买，这就是两者的区别之处。

同时还有一种原因是，我们从事的微商活动，圈子相对封闭一些，回头客的重要性就显得尤其明显，有这些老客户为我们支撑场面，才可以使我们有更大的信心去开发新的客户，所以无论从哪一个角度看，千万不能忽视老客户存在的重要意义，在开发新客户的同时，必须一碗水端平，始终以维护老客户作为营销战略的平衡点。

在维护老客户的工作上面，我们不妨从以下几个方面着手，牢牢抓住对方和我们之间亲密的友谊。

一、勤沟通，多问候。朋友为什么是朋友？熟人为什么能够称为熟人？其中的原因就在于我们和对方的紧密联系关系，如果常年不联系，进而切断彼此之间的关系，那么所谓的“朋友、熟人”关系也就不存在了。

明白了这个道理，对于我们所固有的老客户，就要不断地加强沟通交流工作，闲暇之时多多和他们联系，谈论一些双方都感兴趣的话题，这一切都体现在一个“勤”字上面。经常的联系沟通，双方的情感距离会越来越近，等到他们需要购买产品的时候，不用我们去主动催问，自然会在我们这里下单。

其次是问候。问候也是沟通交流的一种，但相对于沟通、交流来说，问候所体现的侧重点在于关心和关怀上面，能够有效促进彼此情感的升华，从顾客层面上升到朋友层面。在问候工作上，节假日等时间点都可以为我所用；问候语也不必过长，不要去重复抄袭，自我构思就行，简简单单的一句真诚关怀，就会收到润物无声的良好效果。

二、给他们以额外的优惠。什么是老客户？从购买关系上看，这一部分人群经常给我们下单，他们对我们的生意是一种照顾，所以明白了这一层意思，我们也应当适当地让利给他们，宁愿自己少赚一些，也要把这种关系维护下去。比如在具体产品的价格上打折，或者是直接给对方多一些赠品，虽然成本很小，但其中所蕴含对老客户的重视和尊重情感却是满满的，相信对方也能够切身体会到。

36. 如何化解客户不合理的要求

微商心语

面对客户要求，首要一条是不拿公司的原则作交易。能办到就去办，不能办到解释原因，千万不能勉为其难。

俗话说，“人上一百，形形色色”，对于销售工作来说，这一句话也带有普遍的适用性。和无数客户打交道的经验告诉我们，客户类型多种多样，有的喜欢讽刺挖苦，有的百般挑剔，有的则喜欢占一些小便宜。总之，他们往往会在正常的条件下提出一些不合理的要求，甚至有些不合理的要求已经超出了销售工作的本身。

但客户是我们的“上帝”，对他们来说，以最低的价格获得更多的实惠，从利益立场上看，也无可厚非。所以尽管对方提出种种过分的要求，我们也应尽量采取一些委婉的方式，柔中带刚，以求息事宁人，减少不必要的矛盾冲突和纠纷。

在具体方式、策略上，我们应当从以下几个方面入手。

一、全面了解客户要求的内容。客户提出要求，销售人员应当去详细了解其要求的各项内容，是价格让步问题？还是回款期限？弄清楚客户的要求之后，结合我们销售工作的实际，能够通融解决的就要给对方解决，以此体现出对客户的重视和尊重之情。

但有些时候，客户的要求超越了我们可以接受的底线，一旦满足对方的要求，我方不仅将无利润可图，同时还会赔上许多时间和金钱。更有甚者，即使这时我们作出了让步，对方还要得寸进尺，进一步提出各种不合理的要求。对待这一类客户，我们要严词拒绝，语气没有半点的含糊，打消对方不切实际的幻想。在具体说话语气上，可以适当婉转一些，比如可以说："对不起，我方确实无法满足贵方的条件。"或者也可以说："实在抱歉，我方无能为力，不好意思。"买卖不在情义在，委婉的说辞会让对方更容易接受一些。

二、做好相关的解释工作。有些时候客户提出的要求超越了我们可接受的限度，这个时候我们就应当向对方解释办不到的原因，将原因详细地告知对方。有些销售人员喜欢大包大揽，遇到客户提要求就满口答应，最后又满足不了对方的条件，这种方式其实对客户感情的伤害更大。事前认真考虑，详细分析，做到就答应下来，做不到就耐心解释，相信大部分客户会通情达理的。

三、适当以退为进。这种方式适合我们的重要客户，对方提出要求，我方感到很棘手，但是当场拒绝会让对方情面上下不来，这个时候就不妨采取以退为进的方式，以照顾对方心理感受为基础，告诉对方我们需要先考虑一下，然后再给他们回复。如此缓和一下气氛，留一些回旋余地，等时过境迁之后，再向客户解释办不到的原因，很多时候也能够使客户作出相应的让步，不再固执己见。

第四章

产品决定前景
——选对产品赚大钱

37. 产品质量是做好微商的前提

微商心语

产品性能要过关，产品安全要有保证，只有过硬的产品质量，才是打开市场大门的金钥匙。

产品质量的重要性不言而喻，没有产品质量就不会有市场，这是被无数实践经验所证实的真理。尤其是在现今市场竞争激烈的大环境下，产品质量对企业和商家生存的重要意义更是举足轻重，制约和影响着产品营销的所有环节。

举一个很简单的道理，我们售卖商品，价格策略是其中重要的一环，很多销售人员往往喜欢打价格战，认为低价就能占领一切。但他们所忽视的是，如果缺乏强有力的产品质量做后盾，价格战又能够走多远呢?

换一个角度思考问题，如果我们作为消费者，虽然买到了低价产品，但是产品不能够经久耐用，或者说，根本无法使用，再低的价格又有什么意义呢?

因此无论从哪一个角度来看，产品质量是销售工作的前提和基础，对于从事微商的我们来说，同样要遵守这样的一个法则，以质量求生存，以质量赢美誉，打造出良好的品牌口碑，唯有如此，才能够始终让自己立于不败之地。在具体选购所代理或销售的产品上，我们要注意以下几个原则。

一、产品质量要过硬。这里的产品质量主要是指产品的制作工艺、性能的可靠性，尤其是那些工业产品，精良的工艺和完美的技术流程是确保产品质量的必要保证。我们在选择的时候一定要睁大眼睛，杜绝那些粗制滥造之品，假货、伪劣残次品都要远离。

二、产品性能和材料来源要安全。这一点主要是针对诸如食品、护肤品等商品而言，这些商品的质量点主要集中在其“内涵”上，换言之，产品的内部特性是产品安全的主要方面。

比如在从事护肤品销售上，有一些微商为了突出美白、祛斑的效果，常会选择那些违规添加特殊成分的产品，这些产品在顾客使用之初，确实会产生意想不到的美白效果，但长期使用，由于内部所添加不当化学物品成分的刺激，对顾客皮肤的伤害是显而易见的，或者会影响到顾客其他方面的身体健康。对于这一类以盈利为目的而丝毫不去考虑顾客人身健康的产品，我们也要提高防范意识，严禁销售或代理。

三、选择正品，选择大厂产品。正品或大厂产品有严格的检验流程，产品质量会得到切实的保证。而那些非正规厂家生产的产品，虽然不能够“一棍子全部打死”，但其中绝大多数还是缺乏质量意识的，即使偶尔有注重产品质量的，但限于工艺或检验流程的制约，做到百分之百合格非常困难。

选择正品还有一点好处是，正品的各项证书也都非常齐全，这些证书既是对微商利益的有效维护，也能够让顾客消除疑虑，放心购买。

四、及时做好售后工作。售后服务也非常重要，当产品质量出现问题的时候，要拿出诚意，积极地去解决问题，最大限度地消除不良影响，挽回顾客的信任。

38. 市场需求是产品畅销的基础

微商心语

没有质量就没有市场，这是从产品本身角度而言的；但反过来，没有市场也就意味着堵死了产品营销的下行通道，从市场角度看，市场需求是第一位的。

做微商的首要前提是能够将产品售卖出去，从而在付出特定劳动之后收获必要的价值回报，而不是玩概念、图新鲜，没有市场的需求，产品的使用价值转化不成相应的利润，对于微商从业者来说，注定走不了多远。

由此可以看出，做产品首先要关注市场的需求，更为具体地说，其实就是关注客户的需求。尤其是在如今产品极大丰富且竞争激烈的市场经济环境中，我们手中的产品如果满足不了客户的实际需要，那么就只有死路一条。

为什么说市场需求或客户需求对产品销售的反作用是如此之

大呢？

其一，市场或客户需求是产品的下行通道和接受空间，这就好比是一个大的吸收器一般，吸收器有吸收的需要和能力，产品才可以被有效消耗转化掉；如果吸收器不具备吸收的功能了，接纳的空间已经饱和了，显然产品得以进入的通道就会关闭起来。举例来说，这就如同吸饱了水分的海绵一样，本身容纳的能力已经达到了极限，又如何让它再去多吸收一丝一毫的水分呢？

其二，市场或客户需求是内在动力，对于客户或市场来说，没有使用价值的产品毫无用处，谁又会花钱去购买呢？一件产品，做工再精细，质量再过硬，但是针对具体客户，对方没有实际的需要，产品就售卖不出去。这就好像给盲人推荐绘画作品一样，对方没有欣赏的需要，在他们的“眼中”任何优美的绘画作品都没有用处，相信他们肯定不会产生购买的欲望，这里面所蕴含的道理非常浅显。

明白了市场或客户需求的重要性，我们就应该有针对性地在这一方面多下功夫，以需求当目标导向，将产品的优势和亮点呈现出来，达到营销的目的。

具体来说，第一是需要我们微商人员着力解决产品销售的瓶颈问题。市场产品丰富多样，为什么客户会购买我们的产品而不去购买他人的产品呢？也许有人会说，我们的产品价格低廉、性能优越，这种认识只是看到了问题的一个方面，或者说是很小的一个方面。对于许多客户来说，价格早已不是制约他们购买的首要因素，关键在于产品能不能抓住他们内心的需求，只要想买，其他都不是问题。比如一位生命垂危的病人，如果有一款药品可以让他起死回生，那么这个时候他还会特别在意价格问题吗？这才是产品营销的实质所在。

第二是微商人员要认准市场，产品定位准确。有些产品虽然有着很大的市场需求，但同时其竞争程度也非常激烈，我们这个时候参与进来和别人竞争，各种优势显然都难以和他人相比。比如微商面膜产品，市场空间一直很大，然而现实是各种品牌的竞争太过激烈，没有优势的产品进入之后只能够“望洋兴叹”，很难从中分取一杯羹。正确的做法是不如转换思维，寻找新的市场空间，及早动作，抢占先机。

39. 品牌影响力是做好微商的助力

微商心语

产品品牌影响力犹如微商的东风，立足产品品牌建设，打造名牌产品，才可能乘风破浪，直达胜利的彼岸。

品牌影响力对做好微商产品营销工作的重要性不言而喻。一个响亮的、有着极高知名度的产品品牌，会让消费者形成固定的思维定位，一旦在这一方面有所需求，那么必然会在第一时间内想到知名度高的产品，心理思维定式有了，营销人员不需要大费口舌，便可以使得产品行销火爆起来。

举例来说，我们在炎炎的夏日口渴难耐时，脑海中一定会想要一款清凉解暑的饮料，这个时候相信很多人心目中升起的第一印象便是

“可口可乐”，能够拥有一杯冰凉的可乐饮料畅饮一番，以消除酷暑的折磨，肯定会让人口齿生津；严寒的冬日里，亲朋好友相聚，为了活跃气氛，提升聚会的档次和品味，那么一款高端的白酒必不可少，想来这个时候大家的第一反应就是“茅台”“五粮液”这些耳熟能详的知名品牌。为什么人们在产生需要的时候，脑海中想起的是这样一些品牌的名字而不是其他同类型的产品呢？显然这就是品牌巨大影响力在其中所起到的作用。一个著名的产品品牌，往往能够在自身品牌影响力的带动下，形成一个持久高效的宣传营销影响，无须发力，便可以收到四两拨千斤的效果。

正如全球顶级营销大师杰克·特劳特在其经典著作《定位》中所指出的那样，一个行业或一个产品类别的品牌影响力就是让品牌形象在消费者心目中占据着最有利的位置，在长期的市场竞争发展中使其成为某个类别或某种特性的代表品牌。

杰克的话语可谓是一语道破“天机”，营销的目的就是将产品销售出去并获得相应的利润，所以其中消费者的认知和记忆最为关键，谁的品牌形象赢得了人心，也就意味着谁手中的产品已经占领了市场竞争的主动权和优先权，那么后续营销活动的开展也将会出现事半功倍的最佳局面。

这一借助品牌影响力打开销售局面的市场法则对于微商来说也同样有着强大的制约作用，从事微商的人员想要使得产品大卖，就必须树立起牢固的品牌意识，充分利用品牌影响力这一“东风”，借力使力，促使营销工作更上层楼。

但问题是，微商人员认识到这一问题的重要性了吗？观看时下微商的现状，一般有这样的几种情况存在。一种是产品概念单一，只注重销量而忽视品牌的建设，所代理的产品没有知名度，往往依靠炒作来营销；另一种是什么产品都可以拿来卖，今天卖护肤品，明天卖食品，微商变成了“杂货铺”，没有精力也没有能力去做品牌，更不用说如何利用品牌的影响力了。

显而易见，上面两种微商人员都对品牌影响力的重要作用完全忽视，或者说根本就没有产品的品牌意识，他们这种营销的方式纵然可以卖得一时，但很难维持长久，就像一阵风一样，时过境迁之后就成为明日黄花了。

40. 产品的利润率与复购率

微商心语

产品的利润率和复购率是决定微商能否赚钱的两大方向，牢牢把握住这两个方向，选择适合对路的产品，才能够形成良好的营销局面。

如果要问产品的利润在哪里？相信很多人会异口同声地说，在于产品的销售。应当承认，产品销售可以为微商带来利润，但这也只是看到了产品利润的一个方面，或者说，这仅仅是着眼营销环节来回答问题。其实从更深层次来说，产品的利润除了销售之外，还来自产品的自身，一个是利润率，另一个是复购率。

为了更好地说明这个问题，我们可以简单地运算一下。一种产品在特定的时间内卖出一千件，获得一万元的利润收入，显然这件产品每件利润在十元左右。但如果将产品的利润增加三倍，每件可以获得三十元的利润回报，那么一千件就是三万元的可观收入了。同样是利润，后者要比前者大上好几倍，原因就在于产品本身的利润不同，这里面又涉及一个利润率的问题，产品本身的利润率很高，卖出同样数目的产品，所获得的利润回报价值会趋于无限大。

复购率也是如此，从其定义上看，复购率是指同款产品在特定时间内顾客重复购买的次数。一种产品有很多回头客购买，如此往来循环，反复售卖，那么产品的利润回报也就令人惊喜无限了。

对于从事微商的人员来说，产品的利润率和复购率非常重要，这是行业本身的特点所决定的。很多时候，微商销售人员受到本身人脉关系和粉丝数量的大小多少等因素的制约，朋友圈中就只能有这几百或上千名潜在的购买人群。如果单件产品的利润率不高，那么即使是所有人都购买了产品，也不会有多大的利润空间。同样，若是没有复购率，这些朋友圈里的粉丝购买一遍之后，回头客寥寥无几，那么又会有什么可观的利润收入呢？

所以我们在现实中常常可以看到，有些微商从业人员一个月可以收入上万，每天忙于发单送货；但另一部分人员却整日里愁眉不展，“门可罗雀”，很大原因就在于产品的利润率和复购率上。只有利润率而没有复购率，产品销售工作难以维持长久；若是产品利润率低，再加上又没有回头客，营销工作只能陷入死局。

明白了这两点，在具体产品代理和销售上面，微商人员可以从以下几个方面入手，提高产品的利润率和复购率。

一、产品选择要尽量大众化。一款高冷的产品，受众人群范围小，目标客户群非常难以寻找，这种产品还是最好不要代理了。因为即使产品有很高的利润回报，但限制于产品销售数量的制约，除特殊情况外，想要做大做强是非常不现实的。这时我们不妨售卖一些诸如衣服、精美食物等大众化的产品，这一类产品受众人群广泛，为产品大量的销售提供了可能。

二、注重产品口碑建设。微商产品销售，不是一锤子买卖，这样只能够将自己玩死。正确的做法就是加大产品口碑的建设力度，让顾客纷纷交口称赞，这样他们才会多次重复地购买，而这种局面也正是微商人员所期望看到的结果。

41. 根据你的人脉特点定产品

微商心语

人脉特点说白了就是特定的目标客户群。结合自身的兴趣爱好圈子选择最具潜力的客户，针对性强，操作起来也非常方便简单。

从事微商的产品销售，要掌握一定的技巧和方法，技巧和方法对了，才可以收到事半功倍的效果。所以对于微商来说，做好产品销售工作的首要前提就是认识自身这一商业模式的性质特点，然后从其特征入手，紧紧抓住其内在规律，才可以将产品销售出去。

马云曾说过这样的一句话，“兔子要吃窝边草，生意要从熟人做起”。这句话对于微商从业人员来说也非常适用。因为从微商商业模式的性质来说，其目标客户群很大一部分来自自己的朋友圈，如何将这些朋友转化为自己的客户，是微商工作的重中之重。在具体做法上，应当从以下几个方面入手。

一、结合自己的圈子来售卖产品。这一点很好理解，比如我们喜爱钓鱼活动，所结交圈子中的朋友也喜欢钓鱼，那么我们就可以在钓鱼系列产品上下功夫。自己熟悉这一行业的特点，朋友圈也大都是这一类型的潜在客户，我们就可以以此为基础，一方面在产品销售上针对性更强，另一方面可以通过朋友的相互介绍，整合资源，将喜欢钓鱼的客户聚合在一起，扩大朋友圈粉丝数量，如此一来，销售工作便会逐步打开局面了。

如果个人的爱好不是那么突出，没有特定目标客户群，这时我们不妨从售卖范围较为广泛的产品入手，比如可以适当代理一些护肤品、保健品之类的商品，由于受众人群多，营销工作做起来也就不那么困难了。

二、充分掌握客户的各种信息数据。在客户的信息数据分析上，要从对方的年龄、性别、爱好、收入等方面展开分析归纳工作，这样产品的信息推送就更加有强烈的针对性，能够有效激发客户的购买欲望。这一点我们可以从客户在朋友圈中所发布的文字或图片信息中获知对方的情况，在蛛丝马迹中开展信息收集工作，以求在后续的营销工作中做到知己知彼、百战不殆。

三、做好客户信息标注工作。客户信息收集完毕之后，一定要做好相应的标注区分工作，以免人数众多而造成混淆情况的出现，这对于微商从业人员来说也是营销工作的一大重点，没有细致认真的工作态度是做不好微商销售的。

四、提高产品的差异性优势。根据人脉特点售卖产品，产品的差异性优势也很重要。我们可以想象到的是，在同类产品中，我们想要卖给目标客户，没有优势又怎么会有成交呢？所以这就要求我们在产品的质量、价格以及特色上下功夫，力争突出其与众不同的地方，这样才能牢牢吸引客户的目光。

五、量力而行。微商工作既然要根据人脉特点售卖产品，其中量力而行的要求非常重要。比如做文玩销售，我们的朋友圈中也有很多这样一类爱好的粉丝，但问题是，自己能否拿到最为优质的产品销售？资金方面有没有压力？这些现实的问题必须考虑清楚，然后从中寻找最佳契合点，才能做大做强微商工作。

42. 选择产品勿跟风

微商心语

选择产品，要以目标客户群的特点和自身的爱好兴趣为出发点，不能“人云亦云”。跟在别人后面做事情，成功的可能性微乎其微。

从事微商工作，售卖产品是唯一目的，也是所有微商工作的实质意义所在。从这一点来看，选择什么样的产品来卖，将关系到我们微商事业成败的关键。原因很简单，选择适合对路的产品，并由此寻找到目标客户群，我们的产品销售工作才能够畅通无阻；如果产品选择不正确，即使是付出无数的心血和努力，最后的结果也不尽人意，耗费了精力，浪费了时间，收入和付出不成正比，这种失败将是金钱和心理上的双重打击。

然而现实的问题是很多人不能够明白其中的道理，在产品的选择上非常盲目，看到别人做什么，自己也跟着做什么；看到他人在某一款产品上赚了钱，立即紧随其后跟进，这就是所谓的“跟风”现象。比如看到有朋友在售卖面膜或者是减肥产品，于是也赶紧在自己的朋友圈中售卖同类商品，如果要问他们这些人赚到钱了吗？答案又是否定的，跟风的结果造成了产品定位的错误，看好的利润、算好的经济收入却从来没有实现过。

之所以会出现这样的情况，原因就在于思维上的简单性和盲从性，只看到对方赚到了丰厚的利润，却没有仔细分析对方背后能够赚钱的种种有利条件，于是就想当然地趁势跟进，这种缺乏充分市场调研精神和对自身人脉特点认识不清的行为，必然要为此付出一定的“学费”。

因此在从事产品代理的时候，我们心中一定要多问几个为什么。自己为什么要销售这款产品？自身的优势在哪里？我的产品会不会赢得客户的喜爱？能不能激发顾客的购买欲望？疑问多了，那么在解决疑问之后，思路和目标也就会清晰可见了，这样再去重新审视自己的微商产品代理工作，就可以做到有的放矢、一击必中了。

具体来说，首先应从自己的朋友圈的分析入手。微商工作的导向就是自身的人脉关系，朋友圈中粉丝的兴趣、爱好、收入和购买倾向等信息非常重要，掌握了这些信息之后，我们在选择产品上就会有明确的思路，不会再为盲目跟风而付出惨痛的代价。

比如我们的朋友圈中女孩子较多，她们大多都是85后，甚至是90后，时尚气息强，爱美心理重，这个时候我们就知道应当去售卖什么类型的产品了。如果朋友圈中的女性成功人士比较多，经济收入也较为客观，对产品的质量和品牌要求很高，那么从女性奢侈品方面入手将是一个非常不错的选择。反之，朋友圈大多都是男性，却非要去售卖一些女性化特质非常强的产品，限于性别上的差异和对产品本身使用方面的认识不足，从事女性产品销售显然就不是太适合。

其次是要充分结合自身的兴趣和特长来开展销售工作。一个人的兴趣和特长既是对方从事微商工作的动力，也是他能够充分懂得产品特点的一大前提。尤其是后者，由于先天懂得某一行业或某一产品的种种特性，掌握其性能优越之处，那么在具体销售的时候就具有很大的优势，也能够吸引和自己具有相同爱好的人士加入进来，如此销售工作就不成问题了。

43. 有差异化的产品才是好产品

微商心语

产品做到差异化，才会有独特的亮点和卖点，才能够牢牢吸引住消费者的目光。这是激发对方购买欲望的重要前提。

产品的差异化是指产品自身可以为消费者带来什么样的利益和使用价值，满足了消费者需求的多样化和个性化，才能使产品自身在同类产品中脱颖而出。

产品差异化策略的出发点就是寻求市场销售的空白之处，并在这个基础上展现自身独特的卖点，独树一帜方能出奇制胜。如果盲目跟风，看到别人售卖什么就跟着做什么，产品雷同，没有什么新奇的亮点和卖点，我们的微商工作又怎么能够打开一个良好的局面呢？

举一个简单的例子。消费者在商场中购买产品的时候，同类产品非常多，可谓是琳琅满目、林林总总，但是最后顾客总要选择其中一款产品来购买，为什么他们最终选择了这款产品而不是其他同类的产品呢？问题的原因就在于产品的差异化身上，顾客通过比较分析，多方了解之后，认定所购买的产品最适合自身的需要，由此才会产生掏钱购买的冲动。

在具体的购买活动中，我们也常常会有这样的反应，一种产品摆放在那里，虽然它本身不言不语，但我们一眼看过去之后，立即就有了购买欲望，这就是产品本身所直接展现出来的外观差异化，这种差异化击中了我们内心深处喜爱的情感因子，由喜欢而增强了解的欲望，如此逐步延展下去，购买行为也就理所当然了。

所以说，突出产品的差异化在微商工作中也是非常重要的一个方面，只有使得产品的差异化特征明显，才会引起消费者的关注度，并在这个基础上激发他们强烈的购买欲望，因此从这个意义上看，只有差异化的产品才是好产品。

海飞丝作为一家洗化公司，就非常善于利用产品的差异化这一价值诉求，牢牢把握消费者的心理需求，从而打开销售工作新局面。比如对方在洗发液产品推介上强调“头皮屑一洗全无”这一新卖点，彰显独一无二的功能特性，以此来追求那种“个别突出”的新奇效应，在产品差异化这一块领域做“文章”，从而能够很好地吸引消费者的目光，起到显著的营销效果。

明白了产品差异化的重要意义，在实际微商工作中，我们又应该如何突出产品这一显著特征呢？

一、产品外观差异化。同类产品中，我们所代理的产品外观设计精美，造型新奇独特，个性突出，让人一眼看去就难以忘怀，这就是产品外观差异化的具体体现。比如皮包，很多皮包都是大机器工业生产的产物，但我们若是选择那些手工制作而成的皮包产品，在工艺制造上做文章，是不是就从另一个角度打开了营销工作的局面呢？

二、产品性能差异化，或者说，产品使用价值的差异化。比如护肤品，有美白的，有防晒的，也有祛斑的，功能特性各不相同，这就是产品性能差异化的一大体现。若是护肤产品都集中在美白上，而没有其他的特色或亮点，相信这种同质化的竞争很难打开销售渠道。

三、产品文化特质差异化。在产品文化内涵上下功夫，也是微商营销工作的重点。比如同一类产品，除了相同产品的共性之外，我们可以突出产品的绿色环保无污染、具备时尚气息，这种文化上的差异也能为产品的内在特点增辉不少。

44. 消费能力决定产品价位

微商心语

注重消费者的消费能力，产品要适合，产品价位也要合理，两者有机结合，才是营销工作取得成功的重要保证。

微商销售工作中，产品的价格也是其中一大影响因素。我们所看到的是，如果产品定价过高，而潜在客户群的消费水平却和产品定价之间有着一定的差距，显然会对产品的销售工作带来严重的负面影响。

比如我们售卖的是名牌奢侈品，这种产品的定价肯定是针对高端消费人群的，可我们非要在处于社会中下层的打工者群体之中售卖这款产品，这个时候产品的销售情况就不容乐观了，因为对方的消费能力已然决定了他们不会去购买这样的产品，产品的价位已经超过了他们的心理承受底线，任凭我们如何努力，最终仍会一无所获。

因此说，我们要全面中肯地认识到消费者的消费能力决定产品价位的观念，而消费者的消费能力，却又往往体现在我们的朋友圈或具体的人脉关系上。换言之，消费者的消费水平决定着我们产品的选择和价格定位问题，不注重这一点，我们的微商营销工作将无从展开。

张娟是一名在校的大学生，看到风风火火的微商销售，于是也利用空闲时间在朋友圈开展起了产品代理销售工作。但是张娟的产品上线一段时间后，梳理产品销售情况，结果让张娟很羞愧。几个月下来，所代理产品销量一直在个位数上徘徊，最好的一次是冲到了十位数，这和张娟的心理预期目标还有着一段很大的差距，是产品本身的问题吗？张娟的心里画上了一个很大的问号。

为此张娟去询问经验丰富的微商高手，对方一番仔细分析之后告诉她，问题并非是出在产品身上，产品的质量和品牌知名度都无可厚非，最关键的原因还是出现在产品的定价上面。这位微商高手告诉张娟，她的朋友圈大多是在校的学生，除了必要的生活费之外，手中可支配的余额并不多，因此除了极少数家境条件还不错的同学有购买力外，其他同学即使想买，也是心有余而力不足，这也是造成张娟微商销售工作不畅的关键所在。

为此这位微商高手又教导张娟适当调整产品类型，从高档转为中低档，同时在价位上充分考虑学生的购买能力。经过一番指教之后，张娟依言而行，果然销售工作很快有了起色，一举扭转前期价格定位偏差所导致的滞销现象。

从张娟的事例中我们可以看出，产品类型定位和价格定位的重要意义。所以在具体微商工作中，我们要注意这样几个问题。

一、结合自身人脉关系和朋友圈的特点，合理选择产品类型。朋友圈中的粉丝消费能力强，我们就可以选择一些较为高端的产品；反之，整体消费水平低，我们要从产品的中低档入手，贴近他们实际心理需求。

二、产品价格定位要合理适当。无论是高档产品还是中低档产品，在每个消费者的心目中，一般都有一个心理价位，超过了对方的心理价位区间，产品的销售工作就会严重受阻。当下各类产品如此丰富，执意采取过高定价策略，显然这种做法是不符合市场经济运行规律的。

45. 微商产品选择四忌

微商心语

选择好的产品意味着会有一个不错的开始，所以在具体产品选择上，应充分发挥自身商业模式的优势，避免出现不应有的失误。

从事微商，产品的代理选择是首要前提，选择一个什么样的产品，往往决定着我们这条微商之路能否顺利走下去的重要保证。一款适销对路的产品，无论是售卖还是推广，都可以事半功倍，取得不俗的成绩；反之，产品不能满足广大消费者的需求，或者是难以吸引他们关注的目光，显然这种产品出现滞销也就不足为奇了。

由此可见，微商在选择产品的时候一定要慎之又慎，充分研究市场的动态和消费者的心理需求，同时结合产品具体的性能质量，全方位地考虑选择对象整体的优劣态势，这样才能够寻找到称心如意的产品代理。

在具体选择上，要遵循这样几条法则，避免出现选择不当的情况。

一、产品质量要过硬，注意不能有瑕疵问题的出现

质量是产品的生命，也是营销工作能否顺利开展的必要基础，一个质量问题重重的产品，将会造成顾客层出不穷的投诉和退货现象，这对微商营销工作将是一个沉重的打击，失去了消费者的信任，我们就再也难以挽回他们的信心和好感了。更为重要的是，微商营销工作面对的大多是熟人人脉，这也关系到我们的人品问题，最后的结果是产品没有销售出去，还得罪了一大批好友，无论从哪一个角度来看，都是一种得不偿失的做法。

二、选择能够带来良好客户体验的产品，切忌体验感差的产品

产品质量是一个方面，产品的客户体验感也是一个不容忽视的问题，因为产品体察的良好与否关系到客户的传播分享力度，一个好的产品体验，在客户的播传之下，将会形成一个不错的口碑，产品影响力上去了，销售工作自然就很快能打开一个不错的局面。

三、不要选择太过常规化、标准化的产品

微商营销中很大一个优势就在于独特方便，而独特又是其中的重中之重。我们可以想象到的是，选择的产品非常大众化，没有什么独特的亮点和特色，客户在哪里都可以随手买到，那么他们为什么一定要从我们这里拿货呢？所以一旦选择了常规化或标准化特性太强的产品，客户的有效黏合性就非常低，不足以牢牢吸引他们的关注，这对微商工作来说将是一个致命的打击。同时从另一方面看，微商工作以高利润、强关系、低成本为基本法则，那些过于常规化的产品往往是利用规模利益效应，走大量批发的路子还可以，走微商就不太适合了。

四，避免和电商发生冲突

随着移动互联网技术的强势发展，电商已然成为影响人们日常消费需求的一大因素，如果我们选择的产品在电商平台上也可以轻松购买到的话，那么就意味着我们丧失了必要的竞争优势。因为相比较于微商，电商的异军突起自然有其方便、快捷以及第三方担保的天然优势，而微商在这些领域中反而是短板，所以我们不能以己之短攻彼之长，这样将会使自身陷入被动不利的境地之中。

46. 微商新手产品选择技巧

微商心语

新手缺乏经验，但不缺乏头脑和眼光，按照微商产品代理规律办事，就能够在新的领域之内开辟一片新天地。

随着微商模式的兴起，这一新型商业模式的运作也引起了越来越多人群的关注，很多人士在初步了解之后，也下定决心投入这场商业模式的变革运动之中，希望以自身的能力在商品销售中取得一定的利润回报。所以对于初期加入的微商新手来说，如何选择适销对路的产品，争取一个不错的“开门红”，成为大多微商创业群体最为关注的问题。

在现实中我们也常常可以看到，无数人士奋不顾身地加入微商之中，原以为凭着自身的一腔热情或刻苦努力，一定会成为大家眼中的羡慕对象。但一番忙碌下来，这些新人却发现问题不是那么简单，原来赚钱只是别人的事情，与自己没有多大关系。在这样的一个态势下，他们灰心丧气进而偃旗息鼓，较于当初豪情万丈加入微商群体，巨大的心理落差使得他们退出微商之后，又会对微商产生种种偏见，想当然地认为微商并不是大家想象中的那样有丰厚的利润回报，但事实并非如此，一个人不能因为失败就否定怀疑一切，要从自身上去寻找引起失败问题的原因，然后调整后期战略，这才是正确的心态与做法。

新手失败，原因大多在产品的选择上面，产品选择不对路，就难以打开销售局面，这种延伸递进的因果关系从一开始就决定了最后的结局，所以新手在加入微商群体之后，一定要调整自己的心态，提高自我分辨能力，去选择最适合自身的产品代理。

一、代理产品，代理费用不能过高。这里面有两个方面需要注意：一是过高的代理费用，会额外增加新手的经济负担，还没有赚到钱就先付出一笔不菲的费用，尤其对新手来说，行业特性和个人经验一无所知、一无所有，因此这种冒险的做法显然是不值得提倡的；二是要防备上级代理商的欺诈行为。代理费只是进入这一行业的门槛，真正做微商的人员不会依靠代理费来欺骗新人，他们依靠的是过硬的产品质量；但也有一些不良的微商从业者，以高额的代理费用或大量的囤货要求令新人背上沉重的经济负担，产品一旦售卖不出去，想要退回去却又受到种种限制，最后积压之下对新手造成重大经济损失。

二、产品代理要具备持续发展的潜力。这种发展潜力一方面是针对产品质量而言的，过硬的产品质量和良好的体验感才会使产品被消费者所青睐，后续的发展潜力也会无穷大；另一方面发展潜力也客观要求新手所代理的产品必须具备合格、合法的手续，三无产品即使是有一定的质量，但是由于不具备合法的手续，将会使之缺乏必要的生存空间，注定其难以走得更为长远。

三、产品要有特色和亮点。比如新手从事保健品一类产品的销售，其安全性和健康性是其重要的一环，新手就可以从这里入手，选择同类产品代理的时候注重其亮点地方，只有在保证过硬质量的前提下又可以做到与众不同，才具备代理的价值。

47. 微商常见产品分析

微商心语

常见产品各有特色，也各有其优势和特点，但无论代理哪一种产品，质量和安全是重中之重。

做微商，选对产品很关键，一个好的产品就意味着一个好的营销工作局面的展开，这对于从事微商人员的信心提升将有着极为重要的影响。所以我们常常可以看到，那些选对了产品的微商从业人员，由于有不错的销售局面，往往能够持之以恒地坚持下去，最后成为大家所羡慕的“传奇”；而那些一开始就在定位产品上面出现偏差的微商，虽然也曾有过刻苦的努力，但效果微乎其微，久而久之就只有选择退出了。

显而易见，好产品决定微商之路的坎坷与否，那么什么是好的产品呢？从大的方面看，能够切实满足消费者的实际需求，有着广阔的市场空间和后续发展潜力，这些产品才能够成为微商从业人员首选的优秀代理项目。而在这些好的产品中，大多数又是人们眼中比较常见的产品，对这些产品的性质、行业特点进行分析，将会更有助于提高微商人员的了解认识，较好地推动他们工作的开展。

一般而言，通过对微商所代理产品的归纳梳理，将这些常见产品可以分为四大类别。一是美容化妆以及一些护肤类的产品；二是衣服、帽子、鞋子等服饰类产品；三是有关保健领域的一些产品；四是具有特色的有机食物或地域美食。对于这四大类产品的性质和特点，我们可以分别加以认识。

一、美容化妆以及护肤类的产品。这一类产品的特点是主要针对女性群体，迎合她们的爱美需求。其难度在于需要相关从业人员具备一定的专业基础知识，懂得护肤美容产品的成分功效，能够在具体讲解的时候显示出专业的水准，这样才能赢得女性顾客的青睐。所以其难度就天然决定了从事这一类产品的微商需要沉下心来，具体了解和掌握其各项专业知识和专业术语，其间所经历的过程比较长，要求微商从业人员具备较强的耐心。其缺点是由于从事这一行业的人员较多，现今市场处于饱和状态，如果没有叫得响的品牌产品，很难在这一领域有所作为。

二、衣服、帽子、鞋子这些服饰类产品。这一类产品适用人群比较广泛，不论男女都可能成为我们的顾客，是最为常见的日用消费品。其难度在于需要和电商平台进行竞争，所以需要微商从业人员以产品的差异化为重要发展方向，突出时尚流行的气息；同时在价格上也应比较“亲民”，这样才能在激烈的竞争中生存下来。

三、保健行业的产品。这类产品主要是针对男性顾客或一些中老年消费者，以安全健康为重要卖点，重在能够呵护消费者的身心健康。其优势是市场广阔，人们的健康意识也在不断提高，具有强大的发展潜力。但需要注意的是，从事这一行业的微商必须将产品的安全性放在第一位，不能因为贪图利润而去代理那些没有任何资质的产品，这样一旦出了问题，造成的后果极为严重，不得不慎之又慎。

四、具有特色的有机食物或地域美食。随着人们消费观念的提升，这一类产品的市场也在逐步扩大。但难度在于特色上面，没有特色就没有生存空间。所以要在主打绿色环保理念的基础上，大力挖掘具有较大代表性的特色食品，以求引起“围观效应”。

第五章

粉丝决定发展
——粉丝质量决定赚钱质量

48. 粉丝就是你的“上帝”

微商心语

“上帝”在哪里？上帝就在我们客户这里，以“为上帝服务”的理念对待他们，才能为销售工作打下坚实的基础。

在这里，所谓的“粉丝”其实也就是微商所要面对的客户，而客户又可以分为两大类：一类是微商企业所需要吸收的代理人员；另一类是基层微商所直接面对的终端消费者。无论哪一类客户，在我们眼中，他们都是“上帝”般的存在。因为只有他们的存在，我们的产品才有了行销的基础和可能，也才会为我们带来必要的利润回报。

微商行业有两大核心部件：一是产品，二是客户。产品对于微商而言是硬实力，过硬的产品质量将能够赢得消费者的信赖和好感，从而使其成为我们忠诚如一的“粉丝”；客户则是微商的软实力，能不能吸引最为广泛的客户加盟进来，通过他们将产品直接售卖出去，是微商之路能否走得长远的决定性因素。

可现实是，很多微商从业人员并不能够充分认识到这一问题的重要性，或者说他们在吸引客户的时候能够做到高质量的服务，一旦客户订货之后就会变换“脸色”，对客户的各种利益诉求置之不理，推诿、拖延、消极应付不一而足，试想，这样的一种态度能够将微商事业做大做强吗？做产品，其实也是做人品，目光要放得长远一些，利益得失也不要看得太重，宁可多吃一些亏，也要让客户满意，这才是真正将客户当作“上帝”看待的思想。

特别是处于微商行业顶端的商家，他们一般不直接面对终端消费者，主要是和一些代理商打交道，而代理商能否获得满意的服务又往往决定着终端消费者的满意度，从根本上讲，服务好代理商也是服务好终端消费者的行为体现，只有将这些具体可见的客户当作“上帝”看待，才能够打开微商营销工作的新局面。

所以无论顶端还是基层微商从业者，应当放低自身的姿态，真正从顾客或客户角度思考问题，做好百分百的服务措施。综合而言，一般应从以下几个方面展开工作。

一、真诚服务始终如一。产品销售工作的实质也是服务理念的现实体现，让客户或顾客满意，才能够在加强彼此感情关系的基础上产生购买行为，最终成为我们的铁杆“粉丝”。所以微商从业者必须秉持始终如一的服务态度，销售产品前和销售产品后服务力度不变，涉及换货、退货等问题要坦然面对，绝不能推诿拖延。

二、让利给顾客。利益是销售者和消费者都在争夺的焦点，尤其对消费者一方来说，以较低的价格买到称心如意的产品是每一个人的心愿，所以适当让利给顾客，让他们感受到我们“服务至上”的理念而并非单纯追求绝对利润，将会收获最大的人心。

三、做好细节工作。微商销售工作一要注重沟通，二要加强培训。沟通是针对终端消费者而言，出现问题及时沟通，努力协调解决问题；

培训是针对代理商而言，加强培训工作，不仅有助于提高从业人员素质，还能够增进彼此的感情，可谓是一举两得。

49. 微商粉丝质量比数量更重要

微商心语

数量是基础，质量是保障，两者密不可分又各有侧重，但主要以提高质量为工作重心。认清数量和质量的关系，对我们开展微商营销工作具有重大意义。

数量和质量的辩证关系要求人们，既要重视数量，更要重视质量。比如我们在特定时间内完成工作任务的时候，完成的任务量自然是越多越好，但在多的基础上要有一个质量的要求，若是没有质量，再多的数量也毫无意义。因此说，从两者的辩证关系的内涵上看，质量更重要于数量。

对于我们从事微商的人员来说，其道理也同样如此，微商的商业模式特征必然要求有大量的粉丝，粉丝数量是微商开展营销工作的基础，其重要性主要体现在这样几个方面。

首先，拥有大量的粉丝，我们所代理产品的口碑效应才能够得以显露出来。在自媒体时代，各种各样的信息层出不穷，面对如此海量而又令人眼花缭乱的信息传递，人们的认知很大程度集中在观看他人行为举动这一点上。也就是说，谁代理的产品下面拥有众多的粉丝，那么在其他人眼中看来，这么多人都成了这一产品品牌的拥趸，自然是经过实践检验的结果，因此在心理定位上，他们先一步给自己以心理暗示，在情感的天平上无形中倾向于认可我们的产品，这样一来产品的口碑效应自然就得以显现了。

其次，数量众多的粉丝，也决定着产品信息再次传递的可能性。 产品旗下的粉丝越多，就意味着会有越多的人在口碑效应的影响下，二次转发传递我们产品的信息，也就会被更多的人所看到，这样一层一层延伸下去，信息的二次、三次以及无数次的传递便成了一种可能。

但我们需要清楚认识到的是，仅有粉丝的数量还远远不够，更为重要的是，在拥有数量的基础上要提高粉丝的质量，因为只有粉丝的质量才是我们销售产品的关键所在。

很明显的一个例子，产品粉丝数量多，然而其中很多是所谓的“僵尸粉”，貌似强大而毫无用处，这个时候就需要微商从业人员具备提高粉丝质量的理念和能力了。而提高的前提是必须懂得什么是粉丝的质量，不言而喻，粉丝的质量主要是从粉丝的活跃度和关注度方面来考核的，这是因为粉丝的活跃度和关注度往往是他们是否关心和使用我们产品的一个重要参考标准，他们通过积极参与的方式，逐步了解和认识到我们产品的优良特性所在，由此从潜在用户转化为现实用户，从现实用户又上升到忠诚用户，一旦“粉丝”变成了“钢丝”，其对我们产品的宣传和销售工作所带来的巨大助推作用就显而易见了。

所以在具体微商工作中，我们要以辩证的眼光来看待粉丝的数量和质量问题，既要重视数量，又要着手提高粉丝的质量，从众多的粉丝中梳理和寻找出我们产品真正的“上帝”，这才是做好微商工作的一大基础。

50. 时不时地给粉丝一个惊喜

微商心语

给粉丝以惊喜，其目的就是增强粉丝的活跃度和关注度，拉近彼此的情感距离，以激励、互动的方式打开营销局面。

明白了粉丝数量和质量的关系，懂得了建立在数量基础上的质量在推动微商营销活动的重要性，那么在具体的销售环节中，我们就应当采取一些必要的措施，以提高粉丝的活跃度和关注度。而在这一方面，时不时地给粉丝一个惊喜，巧妙地运用有效激励的方式，将有助于我们打开营销工作的崭新局面。

一、定期开展免费体验活动。免费体验活动虽然看起来费时费力，但这是一种和粉丝有效互动沟通交流的一种方式，通过免费的体验活动，有利于增强粉丝对我们所代理产品的认识和了解。事实也正是如此，粉丝往往在体验之后，感觉产品正是自己所必须购买的对象，相信他们在下一步的行动中就会心甘情愿掏钱购买。更为重要的是，免费体验活动也是对产品性能和质量的一次再宣传，而这种宣传相比较空洞单纯的广告语，其针对性更强，效果也更为突出，有助于产品口碑效应的形成。

二、必要的线下聚会活动。微商从业人员所需要认识清楚的是，我们所售卖的不是一种冷冰冰的产品，而是丰富的情感因素蕴含其内。尤其在如今多元化激烈竞争的市场经济时代，情感的作用在产品营销中所占据的比例也越来越大，谁漠视和粉丝的互动沟通，谁不注重维系和粉丝的紧密情感，必然要被无情的市场竞争所淘汰掉。

所以在实际工作中，我们可以充分借鉴其他商业模式的做法，巧打“感情牌”，时不时地开展线下聚会活动，将认识或不认识的粉丝邀集到一起，开展丰富多样的文体活动，以此来增强和粉丝之间的情感关系，等到情感培养到位之后，接下来的营销工作便水到渠成了。同时建立在情感关系纽带上的粉丝，将会对我们的产品表现出更大的黏性和聚合力，始终如一地正面宣传我们产品优越的质量和性能，他们的赞誉和口碑对身边人的带动力量是无与伦比的，胜过任何形式的广告宣传。

三、经常赠送一些小礼品。做生意，要懂得“舍得”的原则，生活的常识和经验也告诉我们，没有“舍”就没有“得”。所谓的“舍”，是指应当在必要时候善于舍弃一些利益，以让利给顾客；所谓“得”，是因为“舍”的行为才有了更大的“得”，这两者也是一种具有因果关系哲学辩证道理的现实体现。

而赠送粉丝一些小礼品，正是一种利益上的“舍”，其行为的最终也是为了利益上的“得”。每个人都有贪图小利益的心理，虽然一些小礼品并没有多大的实际价值，也花费不了我们多少的金钱，只是新奇精巧，但却对聚拢人气、收拢人心有着显著的作用。

四、善于在朋友圈分享自己的一些心得体会或奇趣妙闻等信息。做微商的人员都知道，天天刷朋友圈发布产品信息，会让人有一种审美疲劳的感觉，因此正确的做法就是适当地穿插一些有关自己生活方面的内容，以吸引粉丝阅读，在互动中长久保持他们的新鲜感。

51. 一切以粉丝为中心

微商心语

一切以粉丝为中心，是我们微商工作的基本原则和重要导向，这就像解决复杂的矛盾一样，抓住了问题的实质和中心，便可以取得迎刃而解的良好效果了。

生活的经验告诉我们，从事任何工作都必然要有一个中心，没有中心就没有重点，抓不住重点就容易产生工作重心“跑偏”的情况，如此个人所设想的理想和目标便难以实现了。

从事微商工作也是如此，微商作为一种新型的互联网商业模式，其生存的关键就在于粉丝数量的多少和质量的高低，可以说，我们的产品一旦没有了粉丝的存在，那么后续的营销工作便无从谈起，犹如无本之木、无源之水一般，失去了其应有的意义。

观看微商的实际，我们常常会发现这样的一些工作误区，很多微商从业人员天天畅谈微商的经营技巧、战略方针等方面的内容，却把最为重要的粉丝放在了一边，从不懂得粉丝的具体感受，所以这些人在具体营销中虽然使用了很多有关微商的策略与方法，但最终效果却不尽人意，销售业绩惨不忍睹。其中的原因很简单，这些人的错误就在于他们太过于注重技巧和策略，反而忽视了微商最基本的中心和本质，离开粉丝去谈论所谓技术性的销售问题，不亚于一种“纸上谈兵”的行为，失败在所难免。

在微商实际经营活动中，所谓以粉丝为中心，其意思是指我们在微商经营的各个环节，在使用每一个微商策略与技巧的时候，都应秉持“以粉丝为中心”这一原则去思考问题。更为重要的是，微商这一商业模式是在一个虚拟的网络平台运营的营销形态，粉丝发展成本低，但也容易流失，为此，我们更应该以粉丝为中心，通过粉丝的口碑推广来提升自己的品牌形象，推动我方微商模式的发展与壮大。

微商创业者李萍，做的是某品牌的化妆品，虽然从事微商行业只有半年的时间。但由于自己经营的产品比较热销，加上总公司的大力支持，业绩越做越好，在第六个月的时候就已经做到了月销售额5万元的傲人成绩。但是在第七个月的时候，她的业绩开始下滑了，这是什么原因呢?

李萍曾有一个大客户，有一次李萍给对方发的货有些问题，对方第一次提出协商，李萍回答说第二天给解决；等到第二天没反应，对方再去找李萍，李萍又找了个理由说三天后解决；然而三天时间过去了，李萍依然延续拖延的策略，等到这名客户再去找她，就没有回应了，客户所提出的问题始终没有得到解决。从此之后，这位客户再也不和李萍打交道了。

这名客户在李萍这里的“遇冷”仅仅只是一个例证，其实李萍对其他客户也有过这样的行为，如此一个客户一个客户地失去，才最终导致李萍营销业绩的下滑。当一个人忙碌的时候确实会忽略一些事情，也许李萍没有解决这个客户的问题是因为忙碌。但是作为微商，不管个人的工作有多忙，都应当始终如一地坚持“以粉丝为中心”的原则，不要侥幸地觉得失去一个客户没什么，我们需要明白的是，当失去一个客户的时候，失去第二、第三个客户的时刻已经离我们不远了。

传统商业中常说“客户就是上帝”这样的一句话，其实这句话在微商模式中同样重要，只有做到想粉丝之所想，急粉丝之所急，一切以粉丝为中心，才能够让我们的微商之路越走越远。

52. 微商以与粉丝共赢为原则

微商心语

共赢即是让大家都有钱赚，让大家都能够得到好处。这才是一个稳定的商业模式，微商也概莫能外。

在从事微商的经营活动中，无论我们采取哪一种具体的经营模式，不管是产品代理还是终端销售，其中有一个重要的原则我们必须清楚地认知并牢牢把握，这就是商业活动中的共赢原则。

所谓的共赢原则，通俗地讲就是首先要学会让利于客户，然后才能够在让利中获得必要的利润。也就是说，这一原则是一种利益双向流动和传递的具体体现，如果说仅仅是自己一方赚到了大把的利润，而客户一方却没有获得一定的利益，这样的微商之路一定难以长久。

任何一种优秀的商业模式都是共赢的，微商也是如此。对微商来说，共赢原则应从以下三个方面加以把握。

一、有利益，方能维持长久。理解这一点，需要我们能够站在微商客户的角度来思考，他们需要你创造什么样的价值？提供什么样的产品及服务？换言之，最终如何才能让对方获取必要的利益？

作为招聘代理的微商，你所要重点考虑的是代理者在代理了你的产品之后，会获得怎样的一个利润，并由此出发，制定相应的代理机制，有效保证那些能力出众者的切身利益。显而易见的是，代理商感觉到自身的利益能够得到切实的保证，那么他们就会有信心、有动力来进一步售卖产品，全力维护产品的品牌形象。由此和我们形成“一荣俱荣，一损俱损”的共生关系。

终端微商经营者亦是如此，同样需要遵循互惠共赢的让利法则。在具体面对客户的时候，要让客户始终有一种“赢”的感觉，认为自身在购买产品的过程中享受到了超值的服务，如此对方就愿意和你建立信任关系，成为产品的粉丝，进而还会介绍他们的亲朋好友加入购买的队伍。

二、懂得合作，方能共赢。所谓的合作是指和第三方的合作，在合作中求得共赢。然而现实的情况是，一些微商经营者不懂得合作共赢的真正道理，只知道自己单打独斗，而没有想到通过合作的模式争取到更为广泛的对象，合众人之力而取得更大的利润。

生活的经验告诉我们，一个人的力量再强大，所取得的利润也是微乎其微的，只有联合其他有生力量，在合作中求团结，在互惠中求共赢，这才是真正的微商之路。

三、先要免费，方能获利。一提到免费，大家一定会非常惊奇，免费的东西怎么能够获利呢？举一个简单的例子，如果你是卖面膜的，你可以告诉你的微信好友，转发你的产品信息到自己的朋友圈，就可以免费获得一个面膜，而且邮费你出。对于你的微信好友来说，他不用付出任何费用，只需要用10秒钟左右的时间转发你的信息就可以获得一个面膜，对于大多数人来说肯定会这样做。而对你来说，表面上你损失了一些面膜，但从长远讲，由于好友的转发分享，你会获得更多的客户，品牌宣传会有更大的提升空间。这些价值要远远高于你送出去的几张面膜，这便是从“免费”转化而来的共赢状态。

当然，对于不同的微商产品我们需要制定不同的“免费”方式，来充分体现“共赢”法则的内在含义。

53. 微商粉丝锁定战略

微商心语

粉丝或者说客户，始终是我们微商所要全力争取的核心对象。也可以这样说，有了客户才会有一切；没有客户，后续的销售无从谈起，因此微商粉丝锁定战略成为关键。

纵观当前所有做微商代理的朋友，大致可以分为这样几种类型。

第一，代理产品之后，每天只是发发图片，不断刷屏，静等客户上门，一副“姜太公钓鱼，愿者上钩”的姿态。这种行为所导致的后果只有一个，朋友圈中的好友数量越来越少，而自己却总在抱怨没有什么客户。

第二，认为产品不错，想做代理但又不想交保证金，反正就是不想花费自己的金钱，只想转发图片，客户有了意向之后然后让上家发货。

第三，代理了产品，也拿了货，但产品销售情况不理想，感觉前途一片迷茫。

第四，代理了产品，也拿了货，学了一些上家所教授的营销知识，但依然无人问津，产品销售业绩止步不前。

以上这四种类型是当前做微商代理的普遍现象，梳理其失败的共性，原因还在于缺乏客户这一根本点上。换言之，产品不知道卖给谁，销售业绩自然好不到哪里去。我们所需要清楚认识到的是，朋友圈的好友如果仅仅是一种数量上的反映，而他们不去购买我们的产品，不能够成为我们的精准客户，好友数量再多也毫无意义。

由此可以看出，我们需要有一个微商客户锁定战略，锁定精准客户，有针对性地去开展微营销。但问题是，如何才能让客户逐步成为我们的精准售卖对象呢？

其实说难也不难，最基本、最关键的地方依然是如何维护好我们的朋友圈，如何做好微推广的问题，从而让客户对我们的产品产生强烈的购买欲望。在这一点上，我们可以采取多种形式，比如写一个好的文案，有技巧地在微博、QQ中发布图片，引导那些精准客户成为我们的好友。

锁定粉丝是一个大战略、大方向，是宏观层面上的思维概念。在具体操作中，由于每个人所经营产品的不同，所以锁定客户的方式也应该有所不同。

举例来说，我们是从事化妆品行业的微商，那么首先就要通过造势烘托朋友圈的气氛，采取包装、图片吸引等方式全方位展开造势工作，只要气氛能够烘托起来，我们就会掌握销售的主动权。

其次在相关的化妆品平台上寻找精准客户。比如我们可以进入有关化妆品一类的百度贴吧、QQ群中去，在这里能够以较快的速度找到适合自己的精准客户。

除此之外，我们自己也可以组建QQ群、微信群、微信公众平台，通过这种方式来吸引精准客户和维护精准客户，并将他们进一步引流到自己的微信朋友圈中，以起到烘托气氛的作用。

客户锁定战略是一个系统性、方向性的规划，需要根据自己的产品以及微商经营规模的大小灵活地加以实施，简单归纳梳理，可以从以下几点入手。

1. “建鱼塘”。比如利用QQ、论坛、微博等。

2. “引鱼”。通过软文写作吸引精准客户。

3. “养鱼”。培养精准客户。

54. “钢丝”的五大价值

微商心语

相比较于“粉丝”，“钢丝”的价值是不可估量的，对我们的销售工作将会带来巨大的正面冲击效应，对此必须高度重视。

通过前文对粉丝数量和质量的论述我们可以知道，粉丝是我们微商的“上帝”，更为形象地说，是我们的“衣食父母”。离开粉丝的微商，犹如井中月、水中花一样不切实际，甚至可以说，没有粉丝的存在就没有微商得以生存的土壤。

但是我们有了庞大的粉丝数量，还要能够采取特定措施将粉丝由数量模式向质量模式转变，也就是化粉丝为“钢丝”。只有有了一定数量的“钢丝”，我们产品品牌的口碑、形象以及播传效应才会更为广泛深刻，微商之路也能够走得更为长远。

既然如此强调微商“钢丝”的重要性，那么其重要价值又体现在哪些方面呢？简单地讲，微商“钢丝”的价值主要有以下五种。

一、一定数量“钢丝”的存在，在他们强烈的消费欲望推动下，将会产生循环不休的重复消费现象。我们从“钢丝”的定义中就可以直观地感受到，所谓的“钢丝”，一定是我们所代理产品的忠实拥趸，他们的购买行为融入了更为强烈的情感因素，在任何时候都会毫不犹豫地将我们的产品选为第一购买对象。正因为有这样一个强大的情感连接纽带，所以他们会重复不断地购买我们的产品，当然我们的利润也会在对方的购买中持续产生，好似甘冽的源泉一般，永远也不会枯竭。

二、以自身的“见证”为基础，产生强大的影响力。从事微商的人员都知道，有力的销售证据或数据是最好的话语，虽然这些实物图片不会发出任何声音，但其说服力要比单纯的广告语更为强大。“钢丝”出于对我们所代理产品的信任，不断地重复购买，如此所形成的一系列图片、交易单据以及视频等内容，都可以成为我们“晒图”的强大帮手。可以想象到的是，当我们将这些具有无可辩驳说服力的图片、视频证据发布在朋友圈或相关宣传平台上面之时，所产生的巨大影响力也就不言而喻了。

三、“钢丝”并非是一个人在“战斗”，他们身后庞大的亲朋好友也是我们潜在的精准客户。“钢丝”之所以是“钢丝”，还在于其强大的影响力具有无限的扩展空间，尤其是对于他们背后庞大的朋友圈来说，在“钢丝”的感召和带领下，这些人也会逐渐认识和了解产品的性能、质量，并会由潜在客户成为我们的精准客户，从粉丝逐步走向“钢丝”，这种聚合效应的全面展现，无疑将会对我们的销售工作带来重大的助推作用。

四、“钢丝”还会产生加盟价值。对于这些“钢丝”来说，有时候单纯地购买还不足以表达他们对我们产品的喜爱之情，甚至可能因为喜爱而生出加盟的心理，将其当作一份有益的人生事业来做。因此采取主动的方式培养“钢丝”成为我们的加盟商，显然可以作为我们营销工作的一个重点方向。

五、“钢丝”还会以入股的方式和我们展开深度的合作。入股其实也是加盟的一种变形，不过其联系程度更深、合作范围更广而已。“钢丝”入股之后，将会成为我们事业的帮手和伙伴，共同推进营销工作的全面开展。

55. “钢丝”都是“炼”出来的

微商心语

将粉丝发展成为我们的“钢丝”，关键是梳理分析其内在规律，积极行动起来，逐步加大粉丝的情感黏合度，一味地坐等是不现实的。

通过对“钢丝”五种巨大价值的详细分析论证，我们得以全面地认识和了解到“钢丝”对微商销售工作所带来的巨大推动效应。所以说无论从事哪一种微商，或者是处于微商的哪一个阶段，只要自身旗下的产品有了忠诚如一、始终不渝的“钢丝”之后，就意味着我们的微商之路已经成功了一大半，由此可见“钢丝”在微商工作中难以替代的重要地位和积极意义。

可是有人会说，我也懂得“钢丝”所不可或缺的伟大价值呀，尽管我有很多的粉丝，然而仔细评判之后，发现真正的“钢丝”却寥寥无几，那么如何将这些粉丝转化升级为“钢丝”呢？有没有什么技巧和方法呢？

答案自然是肯定的，技巧和方法是从事任何工作的诀窍所在，掌握了合理的方式和方法，事半功倍的效果就会显现出来，所以在发展粉丝为“钢丝”的过程中，我们应当从以下几个方面入手。

一、多去传播一些有价值的内容，以此来增强粉丝的黏合度。对于产品信息的传播，很多微商不能够明白其真实含义，往往认为所谓的传播就是无数遍地发布产品信息，这种空洞单调的宣传模式只会引起粉丝的反感，更不用说去发展“钢丝”了。

正确的做法是以有价值的分享内容来逐步引导和培养粉丝的兴趣，并在这个基础上增强粉丝和我们之间的黏合力度，紧紧抓住他们的情感之后，意味着我们将粉丝发展成为“钢丝”的工作已经完成了一半，下一步因势利导，自然水到渠成。

比如一家非常红火的火锅店就常常通过分享有价值的文章来达到吸引粉丝的目的。这家火锅店的负责人通过市场调研发现，前来品尝火锅的大多以女性消费者为主，因此，负责人在本店微信订阅号上，常常刻意推送一些女性情感类方面的内容，比如“婆媳相处的技巧”或者“51种表达爱的方式”等一些贴近女性生活的内容，这样就很容易引起女性消费者的情感共鸣，如此通过微信订阅号的内容分享就和消费者之间建立起了一种非常深厚的情感联系，而事实也证明这家火锅店这样做是极其成功的，很多粉丝逐渐成为“钢丝”。

二、解决粉丝的痛点和痒点，帮助粉丝解决实际问题。粉丝之所以长期关注我们的目的是什么？很显然，他们是为了获取到他们需要得到的东西，在分享中促进自我价值和利益的良好实现。所以能够解决粉丝迫切需要解决的难题，也是一种不错的“钢丝”发展模式。

比如一家从事女性服饰销售的公众号，他们从女性最为关注的搭配方面入手，将自身所售卖的产品和解决衣着搭配的方案捆绑在一起推向女性消费者。这种新颖独特的模式很快受到广大女性消费者的热烈欢迎，大家不知不觉中就成为这家微商忠实的“钢丝”了。

当然，除此之外，在发展“钢丝”所需要的策略上还有很多种，诸如多沟通、多交流、巧打“感情牌”、提升“参与感”等方式都是不错的选择，在现实中如何利用要结合自身的实际，多方位地综合考虑。

第六章

传播决定成长
——传播速度决定赚钱速度

56. 重传播，你就是核心

微商心语

营销工作中，产品信息的传播是重中之重，只有提高了产品的知名度和影响力，才会使自身具备强大的吸粉能力，始终像一块磁铁一样，将数量庞大的粉丝聚合在我们身边。

“酒香也怕巷子深”，这是现代营销学界所达成的共识。没有适当合理的信息传播，还抱着传统行业那种只凭质量，然后以超强的自信力坐等消费者上门的思想不放，显然这种落后的产品营销思维在新的商业模式下已经失去了其应有的活力和生存空间，其结局也注定被无情的市场所淘汰。

茅台酒之所以能够成为百年民族品牌，除了无可挑剔的产品质量外，还与它在适当时机的信息推广和信息传播密不可分。

当年在万国国际博览会上，茅台酒虽然参加了展览，但是一直难以引起人群的注意。关键时刻，茅台酒工作人员刻意打破了一个酒瓶，立时酒香四溢的芬芳飘散到了每一个参观者的鼻孔中，众人的注意力立即被吸引了过来，茅台酒也因其恰到好处的推广方式成为当年博览会上一颗耀眼的新星。随着这样一则“曲折故事”的演绎，茅台酒品牌的知名度犹如插上了腾飞的翅膀一般，迅速传遍大江南北、国内国外，茅台酒百年的发展历程也因之变得从容平稳，一举成为高端白酒的代名词。

所以说一件产品纵然有过硬的质量，但是如果缺少适当的包装宣传，没有产品信息的有效传播，就很难打开一个畅销流通的良好局面。尤其是在现在这样一个处处充满着海量信息的年代，面对各类媒体上令人眼花缭乱的资讯，人们往往难辨真伪，莫衷一是，甚至产生了选择艰难的错觉，这个时候产品信息的推广和传播便成了能让广大消费者优中选优的重要手段。

可以想象到的是，一家公司的产品信息如果能够得到有效的传播，那么一定能从众多的同类产品中脱颖而出，会使消费者产生高度认同感，购买时优先选择这家公司的产品。加上自身过硬的产品质量，在消费者的使用中慢慢地便会形成一种口碑效应，这就是一个品牌产品从小到大、从弱到强的成长过程。

我们身边众多耳熟能详的品牌都是经过这样一个反复锤炼的过程之后，通过产品信息的无数次传播，才最终打开属于自己的一片天地。格力、联想、双汇、五粮液，它们身上都有着共同相似的东西，这就是在营销过程中信息的大力推广和传播。

对于我们微商来说，不管其商业模式如何变化，产品信息及时有效、正面积极地得到传播，是提高产品影响力和知名度的重要方式。换言之，谁注重信息的传播，谁就抓住了微商营销工作的实质，并可以在这个基础上成为众多同类产品中的“明星”，其炫目的亮度自然会引起广大消费者瞩目和关注，有了这样一个良好的轰动效应，接下来的营销工作自然就顺风顺水了。

所以说，微商从业人员在制定具体营销策略的时候，应牢牢抓住信息传播这一营销工作的核心，充分利用各种各样的传播手段来达到扩大产品营销效果的目的。

57. 先传播，再去想如何赚钱

微商心语

做微商，先要注重产品信息的传播工作，将这一工作做好了，产品销售自然也会水到渠成；不要在代理产品之后，先去想着如何赚钱，基础工作做不好，无疑是本末倒置的错误行为。

如果要问，从事微商至关重要的工作是什么？相信很多微商新手，甚至是具有了一些微商营销经验的人士也会一头雾水，不知道该从何说起。因为在他们的观念中，微商至关重要的工作不就是营销吗？将产品售卖出去并获得相应的利润才是验证微商工作成功的首要标志。

应当说，这些人的思维具有片面性和局限性，目光仅仅停留在如何获取最大的利润这一点上，而没有深入反思我们怎样才能获取利润。

想利润而不得，其实就在于这些人缺乏全局思维，没有从营销工作的全过程去看待问题。

微商营销工作首要而正确的做法应当是注重产品信息的传播工作，只有产品信息能够通过多种渠道、多种平台传播出去，才会使产品的知名度得到显著的提升，并在这个基础上吸引广泛的粉丝，有了粉丝的进一步分享和播传，营销工作的局面才得以彻底打开。到了这个时候，我们的微商工作便取得了不求利润而利润自来的良好效果，赚钱也就不是什么难事了。

李玲前一段代理了一种品牌的护肤品，她像大多数微商新手一样，每天在朋友圈中编辑、推送图片，希望以不间断的刷屏方式来取得良好的销售业绩。这种状态持续了两个多月，李玲总结了一下销售成果，发现虽然自己非常努力，但却没有销售出去几件产品，产品销售数量寥寥无几，其利润的获取情况也就不难想象了。

郁闷的李玲只好求助于微商老手，希望他们能够透露出一些销售诀窍。在李玲的多方打探下，对方给李玲说了这样一句话，“多注重产品信息的传播，扩大产品受众面，吸引粉丝才是关键”。悟性还不错的李玲立即抓住了对方话语背后的含义，自此之后，她一改前番不停刷朋友圈的营销策略，转而将工作的重心放在了产品信息的传播上面。在具体传播工作中，李玲充分利用微博、微信、QQ、论坛等多种自媒体和互联网平台，以图文并茂的形式广泛传播产品的信息，加强和粉丝的交流互动工作。

这样李玲坚持了半年之久，产品信息传播的效果也得以显现出来，越来越多的消费者成了李玲产品的粉丝，产品的销售数量也逐月大幅度攀升。有人曾询问忙碌不停发货的李玲，这一段时间获取了多少的利润，李玲笑着说道："看我这么忙，你应该猜想得到。"

从李玲的案例中可以看出，做微商，首要工作是如何扩大产品信息的传播幅度和力度，产品信息得到了广泛的传播，接下来的销售工作也就不是什么问题了。所以需要我们认识清楚的是，一个成功的微商，不是产品能够获得多大的利润，不是商业模式有多么巧妙，而是重在产品信息的传播效果上面，有了传播效果，便可以获得提纲挈领、纲举目张的营销态势。

58. 微商传播三大要点

微商心语

微商产品信息传播，要懂得方式和技巧，牢牢把握传播三大要点，再去结合自身的微商实践，灵活地加以运用，相信一定能够收到绝佳的效果。

懂得了微商产品信息传播工作的重要性，在实际工作中，我们就应当采取各种措施，不断扩大产品信息的传播面，让越来越多的人了解和认识我们所经营的产品，有了广大客户和粉丝的积极参与，我们的营销目的才能够凭风借力，取得不俗的业绩。

在具体传播方式和策略上，我们应当从以下三个方面加大产品信息的传播力度。

一、充分利用客户或朋友渠道，让他们成为产品传播的载体。我们在开展产品信息传播工作的时候，必然要制作一些图片和文字说明，以此来吸引消费者的关注。但其中的弊端是，个人的力量是非常有限的，只有依靠众人的力量，才能够将产品信息最大限度地传播出去，而手边的客户和身边的朋友无疑是一种值得利用的好资源，通过他们的分享转发，将涉及产品信息的图片和文字说明传播到各自的朋友圈空间，应当说是一种不错的传播渠道。

二、必要时设置分享奖励等活动，以此扩大粉丝参与度和信息传播面。依靠朋友和客户的传播，也有其局限性，这要根据个人的人脉关系来定。如果人脉资源缺乏，身边朋友熟人少，那么这种传播的效果也就不那么尽如人意了。

因此在这个时候，我们不妨利用分享奖励的手段，诱导广大粉丝参与进来，积极加入我们产品信息的传播工作中去。在具体方式上，我们应当采取先发红包、后要求粉丝发起转发分享活动的方式，因为有了红包激励的前提，相信会有很多粉丝参与进来，利用他们个人的力量将产品信息一一传播出去，如此便有效地扩大了产品信息传播的幅度和力度。

滴滴打车在初面世的时候，知道其营销内容的人群有限，那么如何将产品信息以最快、最短的方式及时传播出去呢？为此滴滴打车的宣传部门就想起了分享激励的策略，先给消费者发放红包，然后利用口碑效应将产品的信息传播到社会的每一个阶层里面。由于滴滴打车传播活动的措施得力，所以在很短的时间之内，越来越多的人都知道了这一新型出行模式的便利之处，最终收获了无数忠诚的粉丝，滴滴打车软件自身也成了许多时尚人士出行的首选。

三、采用导入好友关系链的方式，也是一种不错的传播渠道。导入好友关系链，有助于在短时间内扩大参与人数，人数多了，产品的信息传播目的也就轻松达到了。

手游中的“开心消消乐”这一款游戏，就非常善于利用导入好友关系链的方式来达到产品推广和传播的目的。在具体方式上，“开心消消乐”引入了好友游戏分数排名和邀请好友帮助等做法，使得关注的粉丝数量呈现出几何级指数增长趋势，其效果自然不言而喻。

59. 实时直播，更有说服力

微商心语

实时视频传播，更真实、更直观、更具体，产品的生产、收获、包装、发货等流程清晰可见，无疑极大增强了消费者的消费信心，这种牢固的情感信任也是产品销售工作成功的重要保证之一。

微商产品信息的传播方式有很多种，无论是转发还是分享，都是其传播方式的具体体现，但是如果要问哪一种传播方式更为有效，相信很多微商从业人员一时之间难以回答出来。其实通过大量的微商营销实践证明，在产品信息的传播方式上，实时直播的效果最为显著，其说服力也更强。

随着各类自媒体和网络平台的兴起，产品信息的传播也有了更为充分的选择余地，但实际的问题是，单纯依靠一些图片和文字说明进行传播，总让人感觉其说服力并不是那么强，甚至还会让人怀疑是否我们雇用了大量“水军”来宣传造势，如果让粉丝产生这样一种想法的话，其效果反而适得其反。

于是在传播工作压力的倒逼下，借助互联网技术的发展，一种实时现场直播的方式悄然兴起，并成为产品信息传播的一种主要实践应用，其影响力和说服力也被越来越多的微商人士所重视。

张亮大学毕业之后，几番周折，选择了微商作为创业之路。在产品的销售上，张亮经过一段时间的考察，将有机、天然、绿色的蜂蜜产品作为自己的主打营销产品，并为此专门建立了一家蜂蜜生产基地，聘请专业技术人员养蜂并制作纯正的蜂蜜，可以说，张亮在前期进行了大量的投入，付出了无数的心血。

但是产品上线之后，销售情况并没有张亮所设想的那样美好，甚至可以说只能用惨不忍睹一语来加以形容，尽管张亮反复强调产品的有机、天然、绿色性能，然而依然是无人问津的局面。

是产品质量不好，还是宣传效果不到位？张亮在经过一段时间的分析和市场调研之后，坚信产品的选择方向没有错，问题出在了产品信息的传播工作上面。他从客户的心理分析入手，通过调查问卷的方式，终于掌握了无比珍贵的第一手资料，原来消费者不是不想采购纯正的蜂蜜，而是担心张亮的产品传播只是一种宣传上的手段，对于产品的真伪没有信心。

明白了症结所在，张亮工作的方向和思路也就清晰了。他果断地利用微信平台，采用视频直播的方式，将蜜蜂放养、花种选择、人工制作等整个过程分阶段、完整地呈现在了广大消费者的面前，由于有铁打的视频直播为证，很快就将消费者的担心和疑虑情绪消除掉了，大家看见视频中生产基地工人真实忙碌的影像，再也没有丝毫的怀疑，由此张亮纯正蜂蜜的销售工作一炮打响，销售数量呈现出大幅度的攀升。

从张亮的案例中可以看出，他的成功正在于他选择了视频直播的形式，将实际生产、包装情形完完整整地呈现在了消费者面前，给人一种真实无比的感觉，同时展现真正的田园蜂群放养，又有一种亲切的成分产生出来，这样增强了消费者的信任感，其说服力是其他传播方式无可替代的。

60. 让粉丝帮你传播

微商心语

微商营销中，我们不仅要把粉丝当作客户看待，激发其自身潜在的需求；同时还应当把粉丝当作一种免费的载体认真对待，通过他们为我们免费传递或分享产品信息，以达到广为传播的目的。

众所周知，在微商这一商业模式中，粉丝和客户对微商来说有着重要的意义，粉丝具备转化为客户的可能，有客户才有微商生存的基础，两者之间是一种延伸递进的关系。显而易见的是，微商产品信息的传播以及各种各样的营销活动都离不开特定粉丝的传递和扩散，转发分享的氛围形成之后，微商才能以良好的形态运行下去。

从事过传统商业的人士都有过这样的深刻体会，产品的信息想要传播出去，必然要付出一定的经济成本。比如我们在电视上或纸质媒体上播放、刊登广告，广告费用的支付是必不可少的。甚至是商家自身所组织的营销活动，也需要支付人工费、电费、演员演出费等经济成本。

但微商这一商业模式所不同的是，产品信息的传播渠道和载体基本上都是免费的，不仅微信平台免费，更为重要的是，我们通过粉丝来达到传递产品信息、扩大产品影响力以及挖掘到更多的粉丝客户的目的，期间我们无须向粉丝支付传播费用，粉丝的免费效应就体现在这个方面。

然而需要我们清楚的是，明白粉丝免费效应是一回事，如何有技巧地利用又是另外一回事。也就是说，我们的微信粉丝虽然是免费的，但并不意味着每一个粉丝都愿意为我们传播产品信息，充当营销推广的免费载体。

王辉是一名微商创业者，刚开始的时候，他的微信朋友圈有一百多人，他每天的工作除了在朋友圈中发布产品信息之外，还通过引流方式增加粉丝数量，效果看起来非常不错。

然而过了一段时间之后，王辉发现了一些问题，很多粉丝在成了他的好友之后，要么成为“僵尸粉”，要么活跃两天以后再也没有后续动作。由此王辉意识到，没有粉丝对产品信息的转发分享，再多的粉丝也无济于事。

王辉为此找到一位经验丰富的老微商，并希望这位老客户能够分享一下他的产品信息和使用心得，这名微商很爽快地答应了，随即在自己的朋友圈中发布了王辉的产品以及王辉的微信号，并很诚恳地讲述了使用心得。

第二天，有一位客户加王辉为好友，说是那位老客户的好友，得知产品信息之后想要购买他的产品。王辉赶忙将产品做了一番详细的介绍，没想到对方马上支付了货款。王辉感激之余还特意叮嘱对方说："如果用得好，希望能帮他多做做宣传。"

一个星期后，王辉看到对方的朋友圈中也分享了他的产品信息及使用心得。随后，慕名而来的客户接连不断，而且很少和他讨价还价，在了解产品之后觉得不错就会马上购买。

王辉尝到了"甜头"之后，于是专门制定了一些转发分享产品信息以及使用心得的奖励政策，激励更多的老客户为他分享转发产品信息和使用心得。

王辉的成功在于他充分挖掘了粉丝的全面价值，采取措施激励他们转发分享产品的信息，传播的渠道和幅度得到了扩展，产品的营销工作也就变得非常容易了。

61. 定位，找到自己的位置

微商心语

定位从小的方面讲，是产品如何营销的问题；从大的方面看，是微商工作如何走的战略问题。所以，重视定位工作，才能够有的放矢、一击必中。

在微商的经营活动中，定位工作非常重要。这就像一个人的人生发展一样，如何定位自己，想要让自我沿着什么样的人生轨道发展，最终达到一个什么样的目标，这一切都离不开特定的自我定位。由此可以看出，定位对人生成长的重要性不言而喻，它决定着人生发展的轨迹和努力方向，是人生整体奋斗目标的一种战略规划。

微商也是如此，在具体的营销活动中，必要的定位工作将使得微商从业人员自己能够明白个人所要努力的方向，明白产品销售的目标人群是什么。只有合理科学地搞好定位工作，站在一个高度上看待全局，我们微商所开展的营销活动才能有的放矢，不至于漫无目的而迷失了方向，以至浪费大量宝贵的时间、精力以及金钱。

张倩曾做过很长时间的销售工作，在微商这一商业模式异军突起之后，也抱着尝试一下的心情，投入微商营销的大军之中。

一开始张倩从事微商并没有什么有效的规划和目标定位，她看到别人卖什么自己也跟风卖什么，但试着经营了一段时间之后，张倩发现销售业绩并不是想象的那么美好，虽然期间也积累了一些粉丝，做过一些营销活动，然而都收效甚微，为此，张倩灰心丧气，几乎要偃旗息鼓了。

在她迷茫之时，她在和一位微商高手聊天中表达了自己的苦恼，对方听了张倩的经历之后告诉她："你的这种行为在微商新手中经常会遇到，这些新手由于缺乏必要的市场调研，仅凭着一腔热情去做事，所以往往在产品定位或自我定位上不能够做到清晰可见，以至于像'没头的苍蝇'一般四面出击，最终浪费了精力和时间，而业绩却迟迟提不上去。所以我在这里建议你根据自己销售工作所擅长的方向开展微商工作，不能再盲目无目的了。"

张倩经过对方的一番开导，终于恍然大悟，也意识到自己在微商初期工作中所犯下的定位错误问题。张倩随即积极行动起来，结合自己从事女装品牌销售的经历，将微商工作定位为某款女装产品的介绍和推荐，并提出"成功打造一名女汉子的自我修养"这一响亮的营销口号。

由于营销定位工作准确，宣传口号也富有个性，很快张倩所代理的品牌产品旗下便聚集了一大批粉丝，大家除了纷纷向张倩咨询女装如何搭配的事宜之外，也对张倩所代理的产品产生了浓厚的兴趣，很快张倩一举扭转前期销售业绩萎靡不振的局面，实现了良好的开门红。

无疑，张倩的成功就在于她精准到位的产品定位和自我营销方向定位，定位合理了，目标客户群也就得以清晰明确了，然后在这样的一个基础上开展营销工作，自然就使得营销工作具有了强烈的针对性，其最后的成功也就不足为奇了。

62. 文案，用文字打动对方

微商心语

一个个文字犹如一个个飞舞的精灵，声情并茂的文字叙述，以情动人的文案策划，对打动消费者的内心无疑具有极大的作用。

文字作为人类社会一种必不可少的交流工具，拥有着巨大的魔力。从人类创立文字并把它作为书写记事的一种重要方式后，文字便义不容辞地成为了一个更为高级的文明标志。

从深层次上讲，文字表面上虽然只是呈现在纸张上一种简单的线条符号，但是里面包含了写作者所要传递的丰富信息。语言精辟、感情真挚的文字常常能引起阅读者的情感共鸣，并为之拍案惊奇、陶醉不已。

我们在阅读名著名篇时会经常产生这种奇妙的感受，一个字、一组词相互组合成一段段优美的句子，让人读后口齿生香。因为印象深刻，记忆起来也极为容易，许多朗朗上口的诗句我们时隔多年也会历历在目，记忆犹新。

相信大家在生命的历程中都会有这样的体会，有时一段情真意切的文字会让我们潸然泪下；一篇气势磅礴的演讲词会使听众激情澎湃；甚至是一封恋人之间的情书，也会让人生死相依，这就是文字带给我们全部身心强烈冲击的影响力，使得我们个人的情感和思想深深烙印在其上，难以磨灭。

正因为文字所具有的这种共鸣效应，所以生活中人们都非常注重文字的合理利用，使其呈现出无穷的威力。特别是在广告营销中，短短的一句话或一段话，如果编排到位，用词别致，往往会起到一鸣惊人的效果。

在成功营销学中，这样的例子不胜枚举。许多年前新飞冰箱面对激烈的市场竞争，为了能通过广告效应脱颖而出，宣传部门曾推出这样一句广告语，“新飞广告做得好，不如新飞冰箱好”。寥寥十几个字，便传达了新飞注重产品质量、打造过硬产品的企业文化理念，一下子让新飞的产品家喻户晓，在提升产品知名度的基础上迅速地打开了销售局面，成为行业的佼佼者。

这方面的经典例子还有英特纳黄金珠宝公司推出的“钻石恒久远，一颗永流传”的名言，把钻石的价值和爱情的忠贞两方面牢牢联系在了一起，使得钻石成为人们爱情的忠实见证，无形中使其价值得到倍增，这也是文字在营销中所展现出来的魅力所在。

所以在微营销工作中，利用手机上的微信、微博等公共交流平台，我们如果能写出内容简洁、铿锵有力并吸引消费人群注意力的文字来，使受众清晰地感悟到文字背后所隐藏产品的功能和特性，那么我们所竭力追求的营销效应也就会自然而然地达到理想目标。因此玩活、玩转看似简简单单的文字，是营销学中一门很值得研究和重视的学问。

文字写作要想打动消费者的内心，在写作时要注意几个方面。首先是文案的写作要贴近生活，平实有趣。平实是指紧跟生活实际，有趣则是读起来津津有味，可以令人有一定的遐想空间，但是绝不能假大空，使人看起来有一种不着边际的感觉。

其次文字的写作尽量要以情动人，人类是一种情感极为丰富的生物，无论是亲情、爱情或者友情，都要用流动的文字写出真情实感，能震撼和感动消费者内心最柔弱的部分，让他们在阅读后和自身的情感产生共鸣，进而产生无尽的回味。

63. 语音，用声音征服粉丝

微商心语

清脆、甜美的语音，让人聆听之后会产生一种愉悦的享受，所以运用语音来和粉丝交流，以声音来征服他们，也是微营销的重要技巧之一。

在微信中有一个语音功能，我们可以利用这个功能与好友一对一地进行交流，也可以在微信群中与好友进行交流。微信设置这个功能的目的是方便彼此之间的沟通，不用像打字那样烦琐，快速地表达你的意思；此外，还让对方听到你的声音，促进沟通中提升彼此的信任感，靠近现实中的交流模式。

王芹是一名微商高手，她在一次微商交流会议上，曾这样向大家分享自己的微商营销心得体会，下面是她的自述话语：

起初，在运用微信与朋友交流的时候，我经常用这个功能，效果很是让人满意。后来做了微商，我就想，是不是也可以将“语音”功能用在微商中呢？效果会不会也和好友之间的沟通一样很好呢？

后来，我试着在微商中使用这个功能，首先，在朋友圈中如果有朋友咨询产品，文字很难表达清楚时，我便用这个功能向其传递我的意思，没想到10个客户中有8个客户也会用语音与我进行沟通，另外2个可能是因为性格内向或者其他原因一直在使用打字模式。这样，不但我与客户的沟通效率提高了，而且对方的激情似乎也提升了不少。有时候我发一条语音信息，对方连发两条，构建信任更加容易，销量自然也提升了不少。

再后来，我将这种方式用在了微信群中。为了维护老客户的关系，我建了一个微信群，将老客户全部引导在这里面，平时经常与他们聊天聊地聊生活，培养感情，保证他们的复购率。当我用语音开始与他们聊天的时候，群里的氛围马上被提升了许多，由于是老客户，大家都比较熟悉，几乎所有的人都开始用语音聊天。通过他们各自的声音，我又对他们有了进一步的认识和了解。

从王芹的经验分享中可以看出，语音的魔力是如此之大，能够迅速拉近和粉丝之间的距离，其中的技巧主要有以下几个方面。

一、态度热情。积极热情地与客户沟通，才能激发出客户的积极性。当客户提出问题之后，不要只是用简单的一两句话去回答就结束。在圆满回答客户问题的同时，要分析客户是否还会有其他问题，或者直接询问，以保证客户的满意度。

二、吐字清晰。在沟通中尽量运用普通话，语速适当，吐字清晰，如同 10086 的客服人员一样，当你提出问题后，他们的声音总是那么甜美，咬字标准清晰，语速恰如其分，总之，给人一种舒畅的感觉。在微商沟通中，我们的声音、语速、咬字等也要向他们靠拢。当然，我们可能不会达到像 10086 客服那样的标准，但最起码吐字要清晰、语速要适当，让对方能够听得清楚，听得舒心。

三、会找话题。案例中当客户询问价格后，这位代理商只是说了一个数字，双方便没有了下文，这种沟通方式显然是不正确的。也许客户在犹豫思考，这时你不说话客户当然不会说话。为此，用语音沟通要学会找话题。这一点在微信群中尤为重要，有时候群里面的氛围会很低，久而久之会影响客户的情绪。为此，微商经营者要想客户之所想，聊客户之想聊，找到合适的话题用语音沟通，来稳固微信群的气氛。

64. 视频，用画面体现价值

微商心语

视频展示方式更直观、具体、生动，其说服效果也极为显著，所以在微营销中，我们要学会运用画面来体现产品的价值。

随着无线网络的普及，以及近几年4G网络的大面积覆盖，越来越多的人已不满足于之前的语音沟通，纷纷开始用视频交流。相对于图文来说，视频给人们的视觉冲击力更大。越来越多的客户用视频的方式向客户展示信息，也成了一种趋势。

比如微信朋友圈推出了视频功能，可是只能拍几秒钟，也就是说你只能拿着产品在镜头前晃一圈，对于微商来说确实有一定的效果，可以让客户看到真实存在的产品，也可以让客户看到你的仓库及备货数量，提升信任感。可毕竟时间太短，短短几秒钟，你还没有说几句话就结束了，的确效果不佳。

对此，很多拍摄视频的软件出现了，这为我们做微商营销的朋友打开了又一条光明大道。

刘峰，一个卖某化妆品的微商经营者，视频营销运用得非常好，他向我讲述了他运用视频营销的过程。

起初，他在微信中做微商的时候，有相当一部人不相信他，有人怀疑他是打着微商的旗号骗钱；有人怀疑他没有备货，质量售后无法保证。为了向这些客户证明自己的“清白”，他想到了微信视频。

随后，他来到自己的小仓库，用几秒的时间将备货拍了一遍，做成一个视频；然后打开箱子拿出化妆品，围绕实物拍了一个视频。然后，他分别将一个几秒钟的视频连同推广文案发布到了朋友圈中，效果很是明显。那些曾经怀疑过他的朋友纷纷为他点赞。

后来，随着竞争的加剧，为了证明自己产品的高质量，提高竞争力，他想，如果做一个能够证明产品高质量的实验，拍成视频向客户展示，这是最有说服力的。可问题是微信中的视频功能时间太短，根本无法展示实验的全部过程。

思来想去，最后他借助第三方视频工具，采用链接方式拍完了实验，并链接到了朋友圈中。提升了行业竞争力，效果甚是明显。

除了3D技术之外，影音是目前最能直观表现某一事物的形式，相关的第三方软件也有很多，比如微视、美拍、会声会影、啪啪、GIF等，拍成视频后可以用链接的方式在朋友圈展示，从而达到微商视频营销的目的。

此外，利用这些软件拍成视频后，我们还可以转换格式、自己动手剪辑制作，使得视频表现力更强。

针对微商，视频展现的内容除了案例中的几点外，还可以有以下几个方面。

一、客户见证。以客户现身说法的形式讲述产品使用过后的感受以及变化，以此来引导客户消费。

二、产品制作工艺。如果条件允许，可以将产品整个制作工艺的流程拍下来，这对于客户来说更具说服力，更能赢得客户的信任度。

在拍摄视频时，千万不要简单拍一下就上传，如果视频声音嘈杂、画面杂乱，这样不仅起不到微商推广的作用，而且还可能起到相反的效果，尤其是微信中自带的视频功能。

65. 线上，贴吧、QQ群、论坛

微商心语

转发率就是影响力，两者是等同的关系。在微营销中，我们要想提高转发率，必须有新奇制胜的办法，线上推广无疑是其中最为有效的一种方式。

人们都渴望被别人所关注，但是被关注的前提是广而告之，只有大家认识你了，产生了一定的影响力，人们才会有可能去注意你的一言一行。如果你默默无闻，所谓的重视和吸引也就无从谈起，这是最为简单明了的道理。

同样，一件产品性能优越，质量过硬，具有物美价廉的优势，然而缺乏必要的推广，了解和熟悉的人们非常少，大多数情况下它的销售情况一定不容乐观，因为在产品买卖中影响力和知名度最为关键。

我们去卖场购买物品，在同类产品中肯定会不加思索地选择知名度比较高的品牌。由于平时一直被它的宣传所吸引，心里早就有了高度的认同感，所以在购买时便少了许多举棋不定的犹豫，即便是价位贵一点，但是感觉放心，内心安全感在这时起了重要的导向作用。

从这一点上看，如何扩大产品的影响力，让它被最为广大的消费群体所熟知，是我们从事营销工作人员的重要努力方向之一。

那么在微营销中，我们也需要扩大产品的影响力，但是信息传播的方式和传统营销有所不同，因为我们面对的是虚拟的网络，方便快捷、包容性强是它主要的特色，例如微信和微博，我们随时随地都可以打开手机，在上面发送相关信息，也无须投入过多的广告费用。

在网络微营销中有许多推送和传播产品信息的渠道，其中转发是网民经常使用的一种办法。有喜爱者就有转发者，有转发者就有接受者，在自媒体中共同形成了一条源源不断的传输通道。

具体来讲，从事微商活动，从线上来看，我们可以通过贴吧、QQ 群、论坛等网络平台来达到产品信息推广传播的目的。

一、贴吧。贴吧是伴随互联网技术新发展的产物，在贴吧中，聚集了一大批有着相同兴趣爱好以及不同利益诉求的群体，并由此形成了不同种类的贴吧，每一位网民都可以按照自我的兴趣去寻找适合个人的贴吧。比如我们喜爱篮球，那么就可以去有关篮球方面内容的贴吧中结交志同道合的好友；同样，喜欢游戏娱乐，游戏类的贴吧也数不胜数，其中必然有适合我们的平台。

明白了贴吧的性质和便利功效，我们在进行产品信息推广之时便可以有效利用这些贴吧，以达到推广的目的。比如我们从事的是有关美食类的产品，那么就可以在这类贴吧中发布相关美食产品的视频，并适当地注重标题的提炼，标题既要响亮，又不能过分媚俗。例如可以写成“某某美食烹饪技巧，三分钟教会你”，以此来达到吸引眼球和关注度的良好效果。

二、QQ 群。QQ 群的功能特性和贴吧非常相似，也是相同爱好者的聚集地，我们就可以按照贴吧的方法寻找和自身产品有关的 QQ 群，以达到推广、传播的目的。

三、论坛。曾几何时，论坛风靡一时，是大家吐槽、发帖的重要网络平台。虽然时下论坛的活跃度有些衰落，但是其影响力依然不可小觑，因此我们不妨采取和论坛版主合作的办法，发布一些有关产品方面的活动内容，以吸引相关人群的关注和参与。

66. 线下，活动、商家合作

微商心语

线下推广也有其便利直接的优势，直接和粉丝建立面对面的情感联系，有助于拉近彼此之间的情感，对吸粉有着显著的效果。

除了充分利用网友资源优势，进行必要的线上推广之外，我们还应将目光放在网络之外，也就是采取线下推广的方式，比如举办各种活动，和特定商家展开全方位的合作，以此来达到产品信息传播、推广的目的。

相比较于线上推广，线下推广也有其自身不可忽视的重要优势，其直观、具体，能够面对面地和粉丝直接展开交流互动，对增进彼此的情感联系有着重要的意义。现实生活中，很多从事微商的人员就善于利用线下这一推广模式，将产品营销活动开展得有声有色。

具体来讲，线下推广的方式主要有各种各类的活动、和商家合作以及和高校合作等几大模式，这几种模式各有特色，在这里我们可以对其加以简单分析，以增强微商从业者的认识和了解，为其下一步工作的开展提供必要的借鉴作用。

一、线下各种带有参与性质的活动。比如我们从事的是美食类的营销工作，那么不妨组建一个微信公众号，然后去寻找一些时间自由又热爱美食的小伙伴，和他们一起去所在城市各处探索各种独特风味的美食，免费品尝之后让他们写一点心得体会，或者是将自己制作好的视频让他们在自己的朋友圈中转发，如此产品信息的宣传推广工作便可以全方位地扩散出去了。同时由于这种形式新颖奇特，有免费试吃的诱惑力，有试吃之后的心得体会，相信一定会吸引到无数“吃货”的关注，我们营销的目的也就自然而然地达到了。

二、和特定商家展开全方位的合作。和商家合作的方式有很多种，中心原则是互惠共赢，我们既帮助商家提高了人气，烘托了气氛；同时也在开展活动中为自身吸收到了无数的粉丝。在具体合作方式上，比如可以采取扫二维码的形式，扫一扫有精美的礼品赠送，这样以小利益来激励更多的人关注，从而让他们逐步成为我们的粉丝。

三、和高校社团开展合作。高校是一个人员非常集中的地方，一个大的高校常常有几万名生源，无疑拉拢这些学生成为我们的粉丝，也是线下推广中一种常用的方式。同时更为重要的是，这些高校学生青春时尚，容易接受新鲜的事物，对新颖独特的商业模式或商业活动也有着强烈的兴趣，所以很多营销活动的开展都离不开特定的高校合作方式。比如举办各类歌舞比赛或者是选拔优秀的才艺表演人才，高校这一阵地便是大家所应极力争夺的场所。

在具体合作上，我们可以通过和高校社团的负责人建立联系，利用他们的人脉关系，直接寻找到我们所需要的目标客户群，然后组织各种各样的线下活动，在增添产品曝光度的基础上吸收更多的学生粉丝。

需要注意的是，在和高校社团开展活动的时候，事先要对产品营销科学定位，梳理清晰可见的活动主题，突出营销造势目的，只有这样，才能使整个活动的开展取得预想中的成功。

67. 微商推广常犯的几种错误

微商心语

微商产品信息的推广传播工作，一定要合理适当，不能因小失大，也不能犯下常识性的错误，谨小慎微永远没有错。

通过前文的论述，相信很多从事微商的人员已经明白了产品信息推广的重要性，可以说，没有产品信息的推广传播，就不会有微商产品销售工作的深度开展。换言之，推广传播无疑成了微商营销工作的前提和基础。

但问题是，在实际的推广传播中，还有许多微商人员不能够掌握合理的技巧和方法，不懂得合理、适度的推广力度，往往“画虎不成反类犬”，效果适得其反。具体来说，微商推广传播工作常见的错误有以下几种。

一、喜欢大量发送一些心灵鸡汤性质的文章。心灵鸡汤一类的文章不是不能够存在，而是要适度、合理、新颖，这样才能够达到吸引粉丝关注的目的。但现实是，许多微商人员所发送的心灵鸡汤文常常是一些陈旧的老段子，已经被无数人传阅烂熟的作品，如此又怎么能够提起大家好奇的胃口呢?

二、不间断地刷屏。现实中许多微商人员常常将产品信息的推广传播工作理解为不间断地刷屏，于是他们在这种理念的指导下，每日无数次地采取刷屏的手段，好似狂轰滥炸一般，让人不胜其烦，这种方式一旦过度使用，无疑会丢失很多粉丝，因此必须高度重视并加以改正。

三、随意地群发信息。有些微商为了推广产品的信息，同时害怕粉丝屏蔽自己，于是就转而采用群发信息的方式，一方面是为了传播需要，另一方面是试探一下粉丝是否屏蔽了他们。这样做的后果往往是引起粉丝的极大反感，很多时候粉丝还没有删除或屏蔽我们，但群发之后，反而促使他们在厌恶的情绪下将我们删除得一干二净。

四、多次重复发送同一信息。出现这种情况一是具体微商人员有强迫症，深怕粉丝看不到产品信息；二是网络不给力，造成多次重复发送。无论主观还是客观，都会引起粉丝的不满情绪，所以在发送产品信息的时候，切忌重复无效工作。

五、采用红包诱导的方式来吸引关注。有些微商人员常常自作聪明，为了节省费用又可以提高关注度，经常采用欺骗的手段，所发送的红包是假，诱导粉丝阅读信息是真。这样一来，当粉丝点开红包之后，发现受了愚弄，这时他们愤慨和郁闷的心情可以充分想象得到，不仅没有起到传播效果，还平白得罪了一大批粉丝。

六、和粉丝第一次互动不是打招呼，而是发送产品信息。我们常常可以看到这种情况，有些微商好不容易获得了一位粉丝的关注，可能因他们急于求成心理的驱使，和粉丝第一次沟通的时候竟然不是嘘寒问暖的关心问候言语，而是有关产品的广告信息，如此留给粉丝的第一印象非常不好，遇到比较敏感的粉丝，可能这一次打招呼也是最后一次了。

七、在微信群中发布投票链接。微信群中，一般彼此之间都不太熟悉，而很多微商人员却经常发送一些无关紧要的投票链接，这样极易引起大家的反感情绪，将一个好好的微信群搞得人心离散，粉丝失去率也因此节节攀升。

八、盲目群发讨红包。讨红包要看对象，要看彼此之间的熟悉程度，但是有些微商人员却不能够懂得人际交往法则，往往喜欢通过群发讨红包，这样将自己的位置都摆错了，又何谈产品信息的推广传播呢?

第七章

互动决定热度
——微商互动活跃策略

68. 成交在互动中产生

微商心语

互动是增进微商和粉丝之间情感联系的有效方式，互动有了，情感加深了，成交局面才能够得以形成；否则粉丝再多，因缺乏应有的热度和参与感，粉丝也只能是"僵尸粉"。

互动决定热度，这是一个非常浅显易懂的问题，只有互动才能够将举办方和参与方的情感联系大幅度加强，并形成一个积极参与的热烈气氛，有了这样一个良好的互动气氛，接下来的活动目的便可以轻松达到了。

举一个简单的例子。很多人都听过演讲，对此也有很多的心得体会，仔细观察不难发现，一个好的演讲家除了需要自身有优秀的口才之外，更重要的是要让演讲现场的气氛活跃起来。所以我们常常看到很多演讲者在从事演讲活动的时候，他们善于利用和听众互动的手段，不失时机地提出一些问题让大家回答，或者是邀请一些听众谈谈对某件事的看法，在演讲者这种启发式的互动方式带领下，很快就能充分调动全场听众的参与气氛，最终演讲者所期望的演讲效果也就能够达到了。

做微商也是如此，没有互动就没有粉丝的关注，没有粉丝的关注就不会有最终的成交，这是一种延伸递进的因果关系。但是在实际营销工作中，很多微商从业者并不懂得互动所带来的良好效果，或者是虽然懂得互动的作用，然而其方式和方法不对路，由此造成了粉丝的不断流失，也对营销工作带来了严重的负面影响。

具体来讲，比如有些微商从业者喜欢使用一些动物的头像，在他们的思维中，动物头像代表着可爱呆萌；然而站在粉丝的角度，他们会感觉网络另一端的我们朦胧而不真实，因此一个头像设置小小细节就会让我们和粉丝的交流互动出现障碍；还有一部分微商认为互动就是不间断刷屏，每日无数次地重复产品信息的宣传推广，这种过度的行为会使粉丝产生反感厌恶情绪，由此阻断了和粉丝之间的互动；更有甚者，一些微商习惯在自己的朋友圈中抱怨心情不好，发出生意难做等感慨，也许这是微商者真实的心语，但这种负面情绪在朋友圈中发布出来显然是不恰当的做法，试想有哪位粉丝愿意和一个充满负面情绪的微商打交道呢?

由此可见，互动要讲究合理适当的方式和方法，方式或方法不对，所有前期的吸粉努力都将付诸东流，从而功亏一篑，得不偿失。因此说，真正懂得互动的实质含义，就需要我们沉下心来研究其内在规律性，以此加深我们对互动这一营销模式的深刻认识。

一、互动意味着关心粉丝，意味着要和粉丝多开展礼尚往来的活动。比如粉丝为我们的产品点赞，那么我们也应当在第一时间回应粉丝的点赞行为，以此来展现彼此之间礼尚往来的诚意，在互动中增进彼此的关系。

二、互动和参与感之间可以画上一个等号，有互动才有粉丝强烈的参与感。比如在实际营销中，我们可以提出一个让粉丝感兴趣的话题，以此来提高他们参与的积极性，粉丝愿意参与了，互动的效果也才能得以显现。

在这一点上，有很多方式可以借鉴利用，诸如故作神秘感、偶尔自嘲一下、适当地点赞奖励、分享一些娱乐段子等都可以为我所用，目的只有一个，就是在互动中增进关系，促成成交。

69. 促销活动互动模式

微商心语

促销是让利给客户的一种行为，这种行为不仅抓住了消费者喜爱得到实惠的心理，同时还极大地烘托营销了气氛，对微营销来说是一种非常重要的互动模式。

不同类型的互动模式可以让粉丝感受到无限的惊喜和刺激，这一点对任何商业模式都具有适用性，微商也概莫能外。在具体互动模式上，我们应当采取多种多样的方式，以起到牢牢吸引粉丝的目的，其中促销互动模式便是其中的一种有效方式。

每年到了双十一，各个商家就像是打了鸡血一样甚是活跃，使出浑身解数搞各种活动，推广自己的产品，犹如春节一样热闹非凡。然而，在这个盛大的购物季节，对于众多商家来说，是一种炉火式的考验。一方面，竞争对手铆足了劲在营销；另一方面，如果这短时间做不出业绩，之后的一段时间将会进入“温度”低下的淡季。作为微商也是一样，业绩好不好，关键在于营销活动亮不亮。

我们先来看看“美的生活电器”是怎么做活动的。在双十一的时候，他们曾发过这样一条营销活动信息，“欢迎来到小美温馨的小窝！小美可是生活电器的达人哦，电器使用心得、生活小百科，小美都很愿意和大家一起分享，多来看看聊聊吧！一年一次的双十一又来了，今年双十一，小美约您一起找猫猫。参与美的‘找猫猫’活动，无限量优惠券、美的电磁炉、土豪金等你来找，天猫店售后网点都可以找哦！还等什么？现在开始吧！”后面附有相关链接。

这是一条企业微商营销活动，这个活动的最大亮点在于优惠券，这对于大多数家庭妇女来说是极具诱惑力的。当然，对于个人微商来说，我们也可以采用这种方式做营销活动，来吸引好友的关注。

有一个卖爽肤水的微商在微信中做了这样一个活动：买一瓶 100 毫升爽肤水送 10 毫升小瓶装爽肤水；此外，带一个朋友到实体店加微信关注多送一瓶 10 毫升爽肤水，带两个送两瓶，以此类推，没有上限，多带多得。此活动一出，不但微信好友数量上去了，更重要的是一些被带来的朋友也在店里消费了，取得了不错的业绩。

这种活动的亮点除了优惠外，最重要的是线下线上的一种闭合营销，也就是 O2O 的闭合。

营销活动可以多种多样，形式各异，最好不要公式化地去复制粘贴他人的活动，否则就失去了亮点，最好的方法就是根据自己的产品自行设计与众不同的活动，这样才能突出产品优势，体现活动亮点。当然，如果我们的策划能力有限，也可以仿照一些有亮点的营销活动，结合自己的产品进行相应改动。

营销活动依靠复制粘贴他人的活动是很难体现出亮点的，尤其是被人们用得滚瓜烂熟的活动，你再去拿来用对消费者没有任何作用。所以，微商营销活动最好自己策划，如能力资源有限，可参考一些新鲜的、消费者当阶段认可的活动方案。

70. 红包互动模式

微商心语

红包互动模式重心在物质利益刺激，应善于抓住人性喜欢利益的特点，然后以此打开“缺口”，将粉丝牢牢抓住。

在具体模式上，红包互动模式也是一种有效吸粉的方式，其中的道理非常容易明白。比如在日常生活中，逢年过节，晚辈给长辈祝福，长辈总要以红包的方式回应晚辈的一片心意，如此彼此的亲情关系在快乐融洽的氛围中会得到很大的提升，这就是红包对情感所带来的显著效果。

做微商也是如此，我们在加上一个新的好友之时，如果直接和对方介绍产品方面的内容，很有可能会引起对方的极大反感，这时不妨发送一个红包，以红包作为切入点，将有助于彼此从陌生到熟悉、从熟悉到最终成交的结果形成。

对于新加的好友，红包的作用显而易见，而对于老客户，其中一部分由于种种原因而长时间缺乏直接联系，这个时候适当的红包刺激也可以将彼此僵化的关系打破，重新建立起亲密的情感关系。

红包的作用是如此之大，一方面可以提升新客户对我们的信任度，另一方面也可以继续增进和老客户之间的互动联系，其中的原因就在于物质利益的刺激作用。从人性的角度看，很少有人能够拒绝物质方面的诱惑，从天而降又充满意外之喜的红包，相信大多数人在打开之时一定会心花怒放，喜悦的情绪产生之后，彼此互动的基础就得以产生了。

高慧从事微商有一段时间了，也一直在通过各种方式加好友、拉粉丝，不过常常让她困惑的是，很多好友第一次加入进来之后，高慧也积极热情地和对方打招呼，希望能够尽快地将产品销售出去，然而很多时候高慧打了招呼之后，刚开口介绍产品，对方就立即将高慧拉黑。这种情况多了，搞得高慧很郁闷，辛辛苦苦做活动赢来的粉丝就这样轻易地流失，高慧很不甘心。

后来高慧在参加微商培训的时候，通过老师的讲解，尤其对红包作用的论述，才使得她恍然大悟，意识到以前工作方式的欠缺之处。反躬自省，自己作为一名粉丝，遇到还不太熟悉的微商直接开门见山地介绍产品，是不是也会产生厌恶的情绪呢？如果当时心情比较好还好说，碰上个人情绪不佳的时候，将对方拉黑就是最好的选择了。

明白了红包互动模式的意义和策略，高慧重新定位自己的营销工作，每当有新人加入的时候，高慧总是能够根据具体情况发送一些红包，红包不在多少，重在一片真心交往的诚意。很快，红包互动模式在高慧的手中玩得纯熟无比，其营销工作也自此打开了局面。

从高慧的案例中可以看出，她的成功源自充分理解并掌握红包互动模式的精髓，并善加利用的结果。因此在实际工作中，我们也要善于利用红包互动模式，在具体实施上，一是要有针对性，不是说任何人都要去发红包，那样做的结果是得不偿失，浪费个人的金钱；二是红包不在多少，重在交流沟通，做到适当、适度即可。相信掌握了这样两大原则，我们便能够有效利用红包互动模式为我们的营销工作服务了。

71. 节假日互动模式

微商心语

每当节假日来临之时，正是用户购买力井喷的时刻，作为微商，我们要紧紧抓住这一大好机遇，借鉴其他商业模式的营销策略，通过互动拉粉丝、促成交。

节假日互动模式也是微商从业者所经常使用的一种方式，这种营销方式的产生无疑是受到现实商业活动的启发，然后将其移植到微商的营销工作中，以达到成交的目的。

我们在现实中经常看到，一旦到了节假日，各大商家便花招频出，想尽各种新奇有趣的办法来开展营销活动，以达到营销成果最大化。这是因为一到了节假日，便成为人们休闲购物的大好时间，商场的人流将会明显增加，尤其在五一、十一等被商家公认的黄金节日，各处商业中心人流如织，这样一个如此巨大的客流量自然会对商家的营销售卖带来积极的正面影响，所以谁能够抓住这一良好时机，谁就能在短短的时间之内赚得钵满盆满。

另外一个因素是，节假日是一个喜庆的时刻，商家通过节假日搞活动，带有一种锦上添花的绝佳效果，人们的好心情加上商家热情周到的服务和各类优惠措施，自然会爽快地掏出腰包，有时对原本没有列入购买计划的商品，在这样一个特定时刻也很可能会产生强烈的购买冲动，而这也正是商家所刻意营造并喜闻乐见的氛围。

从事微商，我们就要善于从商业实践中总结规律，然后灵活变通，以促进微商营销工作的有效开展。

孙艳是一位从事女装销售的微商，在日常营销活动中，她非常注重节假日互动模式的开展和利用。比如在今年的五一期间，孙艳就做了这样一个饶有趣味的营销活动，她在下午4点的时候在微信中发了这样一条微信参与信息："小女已经在朋友圈好友中随机抽中了10位幸运儿，每人将获得一份刚刚上市的魔法围巾一条。今晚12点之前，还将送出10份魔法围巾！如果您是小女的老朋友，请将这条信息转发给您的好友，并截图给我，回复'我要福利'，小女将继续选出10位幸运儿。请大家期待明天中午的开奖名单哦！悄悄告诉你，黄金假期小女还有更多礼物相送哦！"

此活动一出，短短两个小时，她就收到了几百条"我要福利"的信息。而且人数还在不断地增长。想想，10条围巾换了几百名粉丝，这样的活动非常划算。

从案例中可以看出，孙艳将微信营销活动的魅力通过这个活动演绎得淋漓尽致，收获丰厚。活动的亮点就是抽奖送魔法围巾。对于微信好友来说，转发一条微信不需要花费自己一分钱，没有任何损失，只是花费几分钟时间而已。所以只要是关注她微信的人，相信大家都愿意参加这样的活动。

节假日互动模式是一种“应景”的营销方式，充分利用人们的空闲时间和好心情，然后以此为基础，开展形形色色的促销活动。当然，在具体互动模式上，我们一定要注重新奇有趣这一特点，活动一定要有亮点和特色，全面把握年青一代时尚猎奇的个性特征，通过富有趣味的营销手段来增进彼此的互动深度，有了互动的深度，自然就会有成交的可能。

72. 信息分享互动模式

微商心语

利用信息分享互动模式，一是让粉丝能够从信息中得到快乐；二是粉丝可以从分享中收获一定的知识和技术。将粉丝的好学、好奇心理作为切入点，使得看似复杂的问题变得简单起来。

移动互联网技术的发展，使得人与人之间的联系变得紧密起来，打开朋友圈或登录微博，各种各样的信息扑面而来，给人一种世界尽在我手掌握的美好感觉。所以观察越来越多的人喜欢自媒体这一新型互联网媒体的原因，除了方便、快捷之外，还能够从中获取到无数的信息，信息将大家聚合成了一个个不同类型的群体，使得不同的人融入其中而获得自身需要的知识、技术和乐趣。

比如微博等自媒体上的一些网络大V，他们拥有粉丝的数量是惊人的，为什么出现这种情况？仔细观察不难发现，依然是信息的分享和传播在其中起到了巨大的助推作用。这些网络名人依靠自身独特的身份地位或特有渠道的信息来源，将这些信息分享出去，从而引起众多粉丝的围观，在围观之中点赞、吐槽以至于自发地转发、传播，从而形成明星效应，如此一个个网络大V便在很短的时间之内得以诞生了。

这一现象所带给我们微商从业者的启示就是要善于利用信息的分享互动模式，通过这一互动方式来达到吸粉的目的。

赵萍是一位微商从业者，她从新手做起，仅仅经过不到一年的时间，在经验和销售成绩上便已经成了个中高手。在一次微商交流培训会议上，当人们得知赵萍的销售业绩之后，纷纷对赵萍的快速成长感到不可思议，于是许多微商新手便“催促”她能够将自己的经验心得分享出来，供大家学习借鉴。

赵萍笑着对其他微商人员说：“其实也没什么，除了努力之外，只要掌握一定的技巧和方法就可以了，正应了俗语所说的‘砍柴不误磨刀工’，产品信息的传播推广工作做足了，再加上一定的互动方式，就可以收到事半功倍的效果了。”

随后赵萍结合自身的工作经历，讲述了自己创业过程中对互动营销模式的认识和体会。刚开始的时候，赵萍也像许多微商新手一样，不断地刷屏介绍，但一段时间之内，她突然意识到这种行为是徒劳无功的，甚至还会取得适得其反的效果。

在一番调研和思考之后，赵萍决定将互动模式作为营销活动的切入点，在具体模式选择上，她非常注重信息分享这一互动模式。当她看到了一些有关微信操作小技巧的问题，诸如怎样转发别人的视频、微信禁言的朋友可以通过和朋友的语音通话来解决禁言问题等一类实用、针对性强的小技巧信息分享，使得她获得了大量粉丝的称赞，由于事关微信实际操作，因此凡是关注她的粉丝都积极和她互动起来，其效果也让赵萍喜出望外。

赵萍的成功绝不是偶然的，她能够充分利用粉丝的好学心理，通过技术性操作信息分享为主要互动模式，加大了她和粉丝之间的紧密情感联系，有了粉丝的参与活动，接下来的营销工作便一顺百顺了。

73. 娱乐性互动模式

微商心语

娱乐性互动模式，主要关键点体现在“娱乐”两个字上面，一切以新鲜有趣搞笑为切入点，通过分享来拉近和粉丝之间的情感距离。

娱乐性互动模式顾名思义是指采取丰富有趣的娱乐活动以达到吸收粉丝关注、参与的营销目的。在新时代的今天，一方面借助移动互联网技术的发展，让更加新鲜有趣的信息呈现在了大家的面前，各类搞笑视频和段子受到众人的追捧；另一方面高强度的工作压力，也在主观上使得人们越发喜爱这些有趣搞笑的视频或段子，以此期望起到减压的目的。时下各种各样的选秀比赛和真人秀活动之所以火得一塌糊涂，其原因就在于此。

明白了娱乐性互动方式的重要作用，在实际微商工作中，我们便可以有效利用这一模式，最大限度地调动起粉丝的参与互动力度，增强他们对我们所销售产品的黏合度，为下一步的营销工作打下坚实的基础。

在具体方式上，我们可以从以下几种模式入手。

一、分享一些有趣的视频或搞笑段子。自媒体的存在让无数视频或段子有了充分流动传递的空间，所以当我们看到这些能够让人会心一笑的视频、段子时，就应当立即将这些内容转发到自己的朋友圈，以分享赢得粉丝的关注和参与。

需要注意的是，我们在分享这些小视频或段子的时候，一定要把握两个原则：一是必须新鲜有趣。也就是说，那些老旧的视频、段子就不要转发了，粉丝看过一次之后就没有再度关注的兴趣，要力争新鲜有趣，最好是刚刚“出炉”的搞笑内容；二是切忌低俗不健康。视频或段子是为了博人一笑，而有些人常常将低俗、媚俗的东西视为笑点，这种不当价值引导会引起大多数粉丝的反感，必须要加以重视警惕。

二、有趣的小游戏互动。自媒体的发展也使得手游产业进入了勃发的春天，获得了前所未有的机会。实际调查显示，人们在空闲时间使用手机，除了阅读新闻或小说之外，还有一个重要消耗时间的方式就是小游戏的参与，尤其是一些年轻时尚一族，新颖有趣的小游戏已经成为他们生活的一部分，所以善于分享一些小游戏，以此来吸引粉丝的关注并开展深度互动，显然是一件非常有效的方式。在具体分类上，这些小游戏包括以下几种：

1. 营销互动游戏。诸如拆礼盒、合体红包、鹊桥相会、一站到底等小游戏都归属于营销互动游戏的范畴，这种游戏不仅新鲜有趣，能够有效提高人们的参与活动热情，同时也可在互动中让大家加深对我们产品的了解，可谓是一举双得。

2. 耗费时间不多且容易操作的小游戏。诸如“围住神经猫”、“愤怒的小鸟”、“新年求签”等，这些小游戏所占空间小，容易学习掌握，休闲的时候可以随时随地地掏出手机玩上一会儿，所以当我们遇到这一类游戏的时候，也要及时地分享到朋友圈中。

3. 自由发挥类的游戏。诸如根据剧照猜剧情、有奖竞猜等小游戏都可以归属到这一类游戏中去，粉丝看到这些游戏之后，好奇心会促使他们积极地参与进来，如此我们和粉丝深度互动的目的也就轻松达到了。

74. 转发点赞互动模式

微商心语

转发点赞互动模式虽然从表面上很普通平常，但是这种方式也是增强微商和客户之间有效互动的重要方式，利用合理，其效果也极为显著。

转发点赞现象是朋友圈中一类最为常见的互动方式。亲朋好友发了一条有趣信息，我们看到之后感到非常新鲜，于是就随手给对方点了一个赞，以此表明我们肯定的态度。同样，朋友发送了一条极具价值的信息，或者是有关正能量的文章、短语，我们看到之后也深以为是，在阅读之后随即转发到朋友圈中，希望更多的人前来分享我们所认可的东西，这就是转发模式下和朋友之间的互动方式。

有点赞，有转发，彼此之间的互动关系就得以形成了，并在这个基础上相互认同各自的价值观或生活理念，无形中就使得双方之间的情感联系变得越发紧密了。

微商是建立在微信平台基础之上的一种商业模式，也时刻遵从着微信朋友圈的一切行为准则，所以在和粉丝互动中，转发点赞模式也未尝不是一种好的方式，合理利用，其效果也极为显著。

一、点赞。点赞比较简单，指的是当粉丝给我们的产品点赞的时候，我们也应当给对方以回应，回应时要及时、主动，展现出我们的重视和感谢之情。

二、转发用户对我们的评价。很多时候，用户在购买并使用产品之后，常常会有对产品使用情况的评价言辞，对于这些用户的反馈，正确的方法就是及时将评价言语转发出去，一方面表示我们对粉丝意见的重视，另一方面也可以通过这种方式拉近和粉丝之间的情感联系。

更为重要的是，粉丝积极正面的产品使用评价，当我们转发出去之后，将会对那些还持着观望、怀疑态度的用户起到“催化”作用，他们看到真实的消费者评价，相信很快会打消心中的疑虑，从潜在用户上升到现实客户。

三、及时回复用户的评论。人类是一种情感生物，个人的一切活动都渴望能够得到同类的肯定和重视，这一点对于微商来说也是如此。当我们收到用户的评论之后，应当及时给对方以回复，使得他们感受到来自我们一方的真诚和重视，对提升对方的信任感有着莫大的益处。如果用户发出反馈信息之后，长时间得不到回应，久而久之，这种冷落用户的结果会让自身流失掉许多宝贵的客户。

四、分享。分享分为两类，一类是买家感受的分享。比如用户在收到产品或使用之后，他们能够在自己的朋友圈分享个人的心得体会，显然这种方式对提升我们产品积极正面的形象有着重要的作用。因此在具体操作中可以采取必要的利益刺激，如包邮或直接减免的方式，以此鼓励用户参与产品信息的分享活动中去。

另一类是买家自我的转发分享。买家有了正面的评价，我们也可以在自己的朋友圈中将这些话语晒出来，也就是通过清晰可见的产品信息和客户展开互动。需要注意的是，自己在朋友圈中晒这些信息的时候，要做到适当、适度，过多地刷屏反而会引起其他客户的反感。

75. 情感互动模式

微商心语

情感互动模式着眼点在“情感”这个字眼上，也就是我们如何增进和客户之间的情感联系，做到“以情动人，以情感人”，充分体现出最大的坦诚和信誉。

维持人类彼此之间良好关系最为有效的方式就是无处不在的情感，和金钱等物质利益不同，情感纽带对于维系人与人关系来说更为牢固，有情感才有忠诚，有情感才会有信任，这是任何经济利益都难以替代的一大特质。

那么人与人之间的情感是从哪里产生的呢？很显然，情感是从互动中得以形成的。举一个简单的例子，两个素不相识的人遇到一起，如果彼此之间缺乏必要的交流沟通，那么最多也只能称之为一面之缘，不会有太深的关系。但反过来，两个相互之间非常陌生的人遇到一起，如果有共同的话题，能够寻找到彼此相互感兴趣的爱好，或者说，双方言语交谈很投缘，在这种互动基础下，双方的情感联系就会越来越紧密，以至于可以发展成为无话不谈、亲密无间的好朋友，这就是情感互动在人际交往方面所体现出来的重要意义。

明白了情感互动的重要意义，在实际微商工作中，我们就应当善于利用情感互动模式为营销工作服务，吸引住了粉丝，并使得双方有了情感而能维系彼此的关系，那么最终的成交也只是时间的问题了。

具体来讲，有效运用情感互动模式，增强和粉丝之间的关系亲密度，可以从以下几个方面入手。

一、和粉丝交流沟通时，言语方面要轻松幽默，体现出亲切感，避免生硬、不礼貌的语言。电商在和客户打招呼的时候，开头语便是“亲，需要什么帮助吗”，一个简简单单的“亲”字，就将两个陌生人之间的距离拉近了，客户在听了之后也会心生好感。

微商工作也是如此，除了借鉴电商的言语用词之外，在进一步的沟通交流中依然要注重言辞的委婉亲切，说话时轻松幽默，以最大限度消除对方因为陌生而带来的不适应感。也许有的微商在创业初期还不太习惯或不会使用这种说话语气，这个也并不可怕，一方面要努力适应，适应自媒体下的说话方式；另一方面要不断地积累素材，遇到好的语言记录下来，反复练习，达到运用纯熟自然的良好效果。

还需要我们注意的是，在使用轻松幽默语气说话的时候，一定要分清对方的性别，不同的性别在说话方式上会有细微的差别，尤其是对待女性顾客，除了轻松幽默之外，尊重是前提。

二、及时回应并解答用户在购买产品或使用产品过程中的种种疑问和难题。这里面隐含着三层含义：一是顾客对产品的疑问，我们要使用专业术语给以解答；二是顾客询问的事情也许和产品无关，但我们还要抱着热情的态度对对方提出合理化的建议；三是顾客在使用产品中遇到难题，我们要及时地加以妥善解决，绝不能让问题始终停留在待解决的阶段上，在这一点上，不要给自己的拖延行为找借口。

76. 话题互动模式

微商心语

实际生活中，会说话、会引出话题对活跃气氛有着重要的作用；微商也是如此，通过热点话题提升互动力度和深度，也是一种行之有效的好方式。

人际交往中，话题是拉近两个人之间距离的有效方式，无论是熟悉的朋友还是第一次相见的陌生人，只有双方有了共同的话题，才能够使得谈话的气氛得以热烈起来；反之，缺乏共同话题，彼此无话可说，显然冷场的局面就会出现，这种情形也是人们最怕遇到的一种情况，对宾主双方来说都无比尴尬。

对于微商也是如此，想要有人气、有关注度，就必然离不开特定话题的营造，通过话题来全面调动粉丝的参与力度。在具体方式上，我们可以从以下这样六个方面进行。

一、以营销产品的专业知识和科研发展成果为切入点，吸引相关粉丝的关注和讨论。在商言商，这是所有商人都应当遵守的一条重要法则，我们微商也概莫能外，既然是营销特定产品，那么首要的话题也肯定离不开产品本身方方面面的内容。所以在这一话题营造上面，我们可以从产品的专业知识入手，向粉丝们详细地讲解，以增强他们对产品的了解程度；同时还可以从产品科研的进展程度为引入方向，引导大家关注产品所取得的最新科研成果。这样做一方面展示出了产品过硬的质量，另一方面产品的正规性也无形中植入了粉丝的脑海之中。

二、谈论一些不常见的新闻事件。对于热点新闻，相信整体在网上游逛的粉丝们早已耳熟能详了，再去谈论这些新闻事件无疑具有“炒剩饭”的嫌疑。所以正确的做法是刻意寻找一些既有新闻性，又不被大家所注意的有趣事件，以此加强和粉丝的交流互动力度。

三、谈论一些有关创业或兼职性质的话题。时下万众创业成为最为热门的话题，说不定我们的粉丝之中就有很多处于创业期的人士，和他们谈论这一方面的话题，很容易引起大家的情感共鸣；同样，对于兼职的话题也是如此，实际生活中很多人都有一份或几份兼职，如果我们在这一话题上做文章，也能引爆讨论的热度。

四、一些有关美容养颜类的话题。这一点主要针对女性顾客，爱美是她们的天性，其日常关注的重心也常常表现在这一方面之上，所以从美容养颜谈起，自然能够吸引无数爱美女士的积极参与。

五、运动健身一类的话题。随着人们生活水平的提高，物质生活满足之后，身体的健康便成为人们最为关心的问题，这一点不分男女，通过运动来达到健身的目的已经成为一种时尚，所以我们可以从这一点入手，如果遇到好的健身方式，不妨发布到朋友圈之中，让更多的粉丝在关注中得到益处。

六、医疗保健方面的话题。有关养生一类的话题也成为时下人们关注的热点，所以遇到一些有关良好养生方面的文章，我们也要将其分享到朋友圈之中，以此提升粉丝的参与热情和互动力度。

第八章

技巧决定成交
——有策略才会有成交

77. 微商新手第一单成交技巧

微商心语

第一单成交成功与否，往往关系到微商新手的信心问题。所以，掌握必要的方式和技巧，在最短时间内实现“开门红”，无疑有助于微商新手有勇气继续从事这一行业。

对于刚刚进入微商领域的人士来说，第一单的成交无疑对提升自我的信心和勇气有着显著的作用，它具有“一炮打红”的心理暗示。微商初期从业者由于长时间出不了一个单子，以至于在悲观、失望情绪的支配下退出微商领域的案例也不在少数，因此第一单的重要性不言而喻。

观看不同类型的微商新手，在第一单的成交上，有些在短时间内便可以实现“开门红”；而有些则需要经过一个漫长的摸索、等待过程，抛开产品代理种类不同的因素，为什么会出现这种差异较大的局面呢？其实关键就在于微商新手有没有掌握到微商销售的方式和技巧，掌握到了，做成第一单自然不难；掌握不到，总感觉胜利的曙光是如此遥遥无期。那么，微商新手第一单的成交技巧主要体现在哪些方面呢？

简单来说，其技巧应当从以下几个方面去认识和了解。

一、所销售产品的质量。过硬的质量是产品的生命，过硬的质量意味着广阔的市场，一个品质过硬的产品自然会受到消费者的欢迎，而那些假冒伪劣产品则会让客户避而远之。明白了质量对于产品销售工作的重要意义，微商新手在代理产品的时候一定严把质量关，秉持以“质量求生存”的信念，这样才能为销售成交打下坚实的基础，也会使自我的微商之路走得更加平稳长远。

二、真诚如一的服务理念。微商销售主要是建立在自媒体平台上的一种营销，相比较于传统的商业模式，它更需要真诚的服务来作为支撑，只有将“服务第一”的理念放在首位，才能够赢得消费者的青睐。可以想象的是，仅仅只有过硬的产品质量，但在对待客户的咨询、提问上摆出一副高高在上的姿态，抱着爱买不买的思想，那么第一单的成交就只能完全凭借个人的运气了。

三、注重互动。互动决定热度，没有互动就没有粉丝的关注，没有粉丝的关注就不会有最终的成交。所以懂得了互动的重要作用，微商新手在具体的营销实践中，就应当充分重视互动的作用，以互动来拉近与消费者之间的情感联系，双方在沟通、交流的基础上培养出高度的信任感，唯有如此，才能够促成订单的产生。

在具体互动上，微商新手可以结合自身的产品营销特点以及个人所擅长的地方，灵活多样地采用各种形式的互动模式，以期达到最佳效果。

四、聊天。在有些微商新手看来，和产品售卖无关的聊天纯粹是浪费时间，其实他们这种思维是极端错误的。聊天是微商和消费者相互增进了解的一个方面。通过聊天，有助于培养彼此之间的亲密感、信任度，很多产品的成交都是在漫无目的的聊天中产生的，所以千万不可忽视聊天的重要作用。

78. 微商成交三原则

微商心语

微商成交，一要主动，二要自信，三要坚持。这三个方面相互作用，互为表里，缺一不可。

微商新手第一单成交之后，接下来的工作便是步入正常的微商营销运营的轨道之中了，自此之后，成交也成了微商所关注的首要问题，只有成交了，产品所附加的利润才能够得以通过价值传递的方式回流到微商从业者的手中。所以和微商第一单相比，日后的成交只是数量多少上的差别，但对于具体微商个人来说，成交的数量自然是越多越好，没有人嫌弃钱多了会烫手。

因此说，采取什么样的方式，或者是遵从怎样的一个原则，以最大限度地促成订单的生成，是每一个微商从业者心目中所向往的“希望之光”。

具体来讲，促成微商订单成交，一般要遵循以下三个原则。

一、积极主动。实际生活中，一个人是否具备积极主动的精神，对其个人的人生发展和事业成功有着极为重要的关系，只有拥有主动积极的姿态，其人才能够以昂扬的进取精神去迎接一切艰难险阻的挑战，并在这个过程中取得长足的进步；反之，做事畏手畏脚，前怕狼后怕虎，总带着一种"杞人忧天"的怀疑和过分小心，那么有着这种思维的人士，任何事情也不敢去尝试，只能是在浑浑噩噩中逐渐老去。

而具体到微商，作为一种商业营销模式，它更需要相关的从业人员具备积极主动的工作精神，也就是说，这一行业不需要羞涩和腼腆，遇事主动出击，争取拿到比别人更多的机会才会有出头之地。所以当我们看到消费者有购买的心理欲望时，就应当主动上前了解询问，积极介绍产品的性能质量，甚至可以直截了当地主动向消费者提出成交请求，有了这种冲劲儿和干劲儿，订单的成交自然就归属到自己的手中了。

而那些害怕被拒绝、被冷落的微商永远不会有多么好的成交业绩，他们需要知道的是，一百次拒绝里面总有一次成交，而担心拒绝，单纯依赖坐等顾客上门的营销方式，固然没有拒绝，但成交呢？想来肯定寥寥无几。

二、乐观自信。自信也非常重要，相信自己必然成功，相信自己一定能行，这种心理暗示的方式会使一个人焕发出迷人的光彩，许多不可能完成的事情在自我的努力之下也得以完成，这就是自信的力量。

对于微商从业者来说，和顾客打交道，相信自己一定能够通过努力争取的行动促成对方下订单，有了这种必胜的信念，也一定能够做成数量更多的订单。

三、坚持不懈。做事贵在坚持，坚持不懈才是成功的重要保证。

许多时候事情并非我们想象中的那么困难，只要坚持便一定可以取得成功。甚至在某些特定时候，我们只要再多坚持一分钟，事情的发展便会出现转机。

实际营销中，很多微商就是倒在了“不能坚持”这四个字的上面，稍微遇到挫折便萌生退意，这种行为又怎么能够打开营销局面呢？正确的做法就是持之以恒地坚持，顾客放弃成交之后，也不要气馁，重新鼓起勇气，换一种技巧、换一个角度巧妙说服对方达成成交意向。

79. 客户转化五大要素

微商心语

在微商营销工作中，任何客户都具备可挖的潜力，不存在没有价值的客户。我们可以从人性特点出发，紧紧抓住对方的心理需求，订单自然就可以滚滚而来。

从事过一段时间的微商都有过这样的苦恼，很多时候客户虽然对产品的各项信息询问了很久，但其行为也仅仅是停留在询问上面，从来没有转化成现实的订单，这样的一个局面常令微商从业者无从下手。

之所以会出现这样的情况，其原因在于微商营销者并没有深入细致地观察客户在购买询问过程中所透露出来的人性特点，并能够及时捕捉到其中所蕴含的微妙信息，然后采取更为有效的诱导和促成，因此才会有咨询的热度而没有销售的热度。其实只要掌握了一定的方式和技巧，明白客户转化的五大要素，必将在短时间内将销售业绩提升上去。

一、刻意营造一些神秘感。神秘感带有朦朦胧胧的性质，而这种朦朦胧胧的格调常让人升起无限的好奇心理，在好奇心理的促使下，他们才能够产生一窥究竟的冲动购买意识。明白了这一点，微商从业者在具体营销实践中，要善于制造并充分利用神秘感，以此来引起客户强烈的好奇心，在好奇心的驱使之下，无形中会极大提高成交的成功率。

二、饥渴技巧手段的运用。生活的经验告诉我们，人们最珍惜的事情不是容易得到的事物，而是在久久追求之后才得以收到囊中的东西。这是人性的一大特点，很多东西其实并没有那么稀奇宝贵，但由于得到它需要经历一番曲折，所以才会倍感珍惜。

对于微商营销工作来说也是如此，我们要能够利用引发饥渴的手段，吊足他们的胃口，这样不用我们主动催促对方下订单，到时订单不请自来。在这一点上，小米手机的饥饿营销手段值得我们学习借鉴。

三、一定程度的身份感。从人性的角度看，每个人都或多或少地存在着一定的虚荣心，无论是为人还是做事都希望自己与众不同，以此来获得他人的认同和赞美。举一个简单的例子，各大航空公司都设立有 VIP 候机室，这一候机室的存在，让很多人心向往之，尤其是那些身份地位和贵宾候机室并不匹配的人士，能让他们享受到贵宾待遇，自然是脸上有光。所以和航空公司类似的做法一样，各大商业系统中都有这样一个贵宾待遇的席位存在，其目的就是能够让人获得自我满足的身份感。

正因为有这样的一个人性弱点，所以微商从业者完全可以为我所用，在这上面巧做文章。比如可以在销售工作中推出限时购买、限量购买等活动，让客户感觉自己买到了别人所不能买到的物品，其成交的欲望才会无比强烈。

四、荣誉自豪感。这一点和身份感相类似，也是为了满足客户的虚荣心理。微商在销售自身所代理产品的时候，一定要想法凸出产品的稀缺性、珍贵性，强调并非是谁想买就可以买到的物品，这种心理暗示的结果会让客户生出一定的荣誉感和自豪感，为购买到产品而沾沾自喜，如此成交的目的也就可以轻松达到了。

五、营造恐惧感。客户为什么非要购买我们的产品？原因在于我们的产品可以给对方带来安全感，能够解决对方认为其他产品无法解决的实际问题。明白了这一点，我们在从事销售工作的时候，就可以在恐惧感上“耍一些花招”，诱导客户非买不可。

80. 产品利润最大化六大策略

微商心语

想要求得产品利润最大化，必须按照其内在策略行事，明白并善于利用产品价值变现策略，是微商营销工作中制胜的重要法宝。

产品利润最大化一直是所有商业人员孜孜以求的索取目标，从来不会有人嫌弃自己赚到的利润太高，都在想方设法提高产品的利润率，以求得利润最大化的目标。

对于微商来说也是同样的道理，做微商，和传统商业所不同的是商业模式的具体形态存在着一定的差别，而在利润的追求上面却是一致的，微商也需要高额的利润回报，也需要在特定的时间之内获取最大化的价值。但问题是，如何才能够使得产品利润最大化呢？

也许有些微商从业者会不屑一顾地说，提高商品价格不就可以了吗？拥有这种思维的人只能说思维太过直线化了，缺乏充分的思考。如果仅仅是提高商品价格这么简单的事情，相信凡是有点头脑的人士都不会将如何实现产品利润最大化当作工作的重心来看待，如此简单直接，又何必费心费力呢？

应当说，提高产品价格不是不行，但是它有诸多的前提条件限制在内。首先是顾客的接受能力，产品毫无特色且缺乏内涵，同时售价又高得离奇，试想有几个客户会心甘情愿地接受呢？

其次是价格围绕价值变动的内在经济规律的制约。产品只有具备较大的使用价值，其外在的价格表现才可以一路上扬，反之则下跌，两者是一种正比关系。

还有一点就是产品的稀缺性和珍贵性。大众化的产品，竞争者无处不在，为了扩大销售，相关产品的销售人员常常不惜大打价格战，以至于到了一种“白热化”的程度，有时即使是亏本也要冲销量，在这样的一个局面下，单方面地提高价格还有什么实际意义呢？

由此不难看出，想要实现产品利润最大化，并非只是拍脑袋决策的行为，而是需要特定的技巧和方式，以策略取胜。具体来讲，在实际营销工作中，我们应当从这样六大策略入手。

一、打造产品的文化价值。相比较于产品单纯的使用价值，在产品内涵上增添一定的文化价值，将有效提升产品的售卖价格。举例来说，同种类型的杯子，如果在款式上应和当下的销售趋势，以流行文化元素为特点，显然产品的价格将会定位在一个较高的层面上。

二、利用产品的品牌挣钱。为什么各大企业都非常注重自身产品的品牌呢？其原因就在于产品品牌意味着过硬的质量、精湛的工艺，是经过实践检验的东西，因此才能够赢得消费者的信赖，即使价格高一点也无所谓，要的就是这份信任感。

三、将产品组合起来，形成新概念，主打组合价值战略。同样以杯子为例，在具体实践中，我们可以将杯子组合起来，融入情感理念。如果对方是一家三口，那么就组合三个杯子到一起，寓意家庭团结和睦，如此杯子的价格就能够提高到另一个新的高度。

四、以产品的延伸价值战略赚钱，加入高科技理念。同类型的一件产品，外观一样，如果我们的产品材质和对方不同，在材质选取采用了世界较为先进的提取工艺，具备多重功能特性，相信这样一来，产品的价格又可以得到大幅度的提升。

五、利用产品细分市场价值战略赚钱。比如玫瑰花，在特定的节假日里面，其价格会陡然飙高，原因在于在细分的市场中，针对特定的人群销售，其蕴含意义不一样，价格自然不能再以寻常眼光看待。

六、利用产品包装价值战略赚钱。前几年，天价月饼层出不穷，也深受消费者的欢迎。其实月饼还是那块月饼，所不同的是包装的材质和精美度不一样。抓住了产品的包装价值战略，其价格制定主动权就掌握在我们的手中了。

81. 微商成交的核心

微商心语

微商营销的目的就是促成成交局面的形成，只有成交才能够说明一切。所以我们要懂得成交的核心，掌握其精髓，这样做起工作来才能够有的放矢、一击必中。

前面讲述了那么多成交的技巧和策略，也许有人会问，微商成交的核心是什么呢？要回答这个问题，我们需要从四个方面来进行分析论证。

一、能够为客户提供价值是微商成交的关键点。这一点不难理解，客户购买我们的产品是为了自身的需要，所以产品能够给客户提供使用价值，让他们相信产品的使用价值可以得到充分的保证，那么就可以促成成交的形成。

二、站在顾客的角度看待问题。从事营销工作，一个非常重要的一点就是要让自己学会换位思考，站在顾客的角度衡量买与不买各自的充足理由，并在这个基础上充分理解顾客的犹豫心理，通过这样的心理换位，我们就能够寻找到说服顾客购买的合适理由，从而促成成交的形成。

举例来讲，客户和我们通过互动方式有了信任感之后，当他们在掏钱购买之前，心中还有一定的疑问，产品购买回去真的适合自己吗？或者还会在心中想产品的质量和性能是否为商家所宣称的那样完美无缺？

诸如这一类的疑问产生之后，顾客就很难说服自己下定决心完成购买行动了。面对这种局面，需要微商从业者采取合适的言辞劝说，进一步坚定顾客的成交意志。比如我们可以这样对客户说："您有这样的想法值得理解，换作是我，也会产生犹豫不定的心理。但是请您放心，我们的产品售卖出去之后，无条件退货、调货，请您放心使用。"相信这样的言辞会极大坚定顾客的内心，他们担心产品使用价值和实际不符的心理阴影也会消除得一干二净。

三、积极主动地要求成交。这一点也很关键，要知道产品并非是我们一家在卖，市场上还有许多大大小小的竞争对手，一旦客户没有在我们这里下订单，用不了多久，客户就会被其他竞争对手抢跑。

但实际是，很多微商从业者不能够明白积极主动的重要意义，往往在顾客有了购买意向之后，还是一种坐等的思想，希望顾客主动说出购买的话语，这样的行为不是很幼稚的表现吗？还有一些微商人员，顾客说过几天就下订单，于是这些人员就真的痴痴地按照顾客所说的天数等待，很多时候等来的结果却是其他竞争对手抢先一步，自己即将到手的果实被夺了过去。

四、学会引导客户。微商营销实际中，有些客户在即将成交之时又突然反悔，然后撂下一句："让我再考虑考虑吧！"那么我们是不是真的要给客户一些时间去考虑考虑呢？答案自然是否定的，这个时候我们要趁势追击，询问顾客需要考虑哪些方面的内容？产品还有什么不规范的地方需要改进？如此一来，大多数顾客也说不出具体因由，没有了充足的借口，同时在我们循循善诱下，成交就由潜在变成了可能。

82. 转介绍成交六大策略

微商心语

转介绍又称为连锁介绍法、客户引荐法等，它具有省力、有效、快捷的特点，所以依照其策略进行合理谋划，将会大幅度地提升产品的成交可能性。

所谓的转介绍成交是指商家通过特定消费者的介绍，以达到将产品信息传播出去的目的。从实质上讲，转介绍是一种有效的信息传播方式，而传播是为了最终的成交，只有传播面的广度和深度达到了一定的规模，产品的销售也才会随着水涨船高，实现销售业绩的大幅度提升。

但是在实际工作中，运用转介绍策略以提升微商的销售业绩并非是一件容易的事情，它看起来好似很简单，请求别人帮忙将产品信息介绍出去就行了；如果消费者不愿意，那么还可以给予对方以经济利益上的刺激，总而言之只要想去转介绍，就没有什么难度。

抱着这种思维的人过于轻视转介绍的难度了，举一个简单的例子，比如我们将产品发给下级客户，让他们向其他消费者转介绍，出于保护自己经济利益的目的，这些客户大多不愿意这样做。

那么让前来购买产品的顾客向其他消费者介绍能够行得通吗？答案也是否定的，很少有人会主动向身边的人介绍我们的产品。由此可见，转介绍并非是想象中那么容易，它需要一定的方式和技巧，按照其既有的策略行事，才能够在短时间内迅速地将产品的信息传播出去。

一、让客户转介绍时，给予利益刺激。例如我们可以规定，老客户介绍过来的新客户，按照新客户购买产品总价的百分之五或百分之十左右的标准给予奖励，以此来刺激老客户转介绍的积极性。

二、对老客户采取保护政策。有些老客户不愿介绍，原因是担心竞争对手增多，由此会影响到自我利润的获取。对此我们不妨出台专门的政策，规定以老客户所在地为中心，在一定范围内保证只有老客户一家从事我们产品的代理销售工作。

三、在条件允许情况下，设计、制作杂志、月刊等纸质媒体，免费送给新老客户阅读。相比较于言语介绍，纸质媒体内容详细丰富，图文并茂，同时又是免费传阅，其传播效果自然也非常明显。

四、给消费者以利益驱动。如果我们的产品直接面对一线消费者，可以以利益驱动的方式激励对方积极进行转介绍：每介绍一名新的消费者，给予现金奖励。

五、做好消费者心理保护工作。有些消费者不愿让自己成为“拿佣金”做事的人，此时我们可以告诉对方，新客户前来消费的时候，报出介绍者的名字可以给予优惠，如此自然可以充分调动其转介绍的积极性。

六，真诚的服务和过硬的产品质量。之所以将这一策略放在最后谈论，是因为服务和质量是转介绍得以推行下去的基础。可以想象到的是，如果我们的服务态度非常不好，产品质量又问题多多，老顾客都维护不了，又如何能够让老顾客心甘情愿地去介绍新顾客呢？因此说在服务和产品质量上下功夫，赢得了口碑，老顾客也乐意为我们充当信息传播的“使者”。

83. 广告推广成交六大要素

微商心语

产品销售离不开广告推广，信息推广越成功，关注的人群数量越广，产品的销售成交越会呈现火爆的局面。所以在具体微商营销实践中，我们要善于利用广告推广战略，以此来达到提升销售业绩的目的。

商业实践活动的经验告诉我们，任何产品想要售卖出去，都离不开特定的产品信息推广，只有让更多的消费者关注我们，销售业绩才会有较大的提升。销售业绩提升上去了，红火的销售场面也会感染和带动更多的消费者消除观望和疑虑的心态，转而成为我们产品的主要购买者，这就是广告推广成交所带来的重要意义。

对于微商来说也是如此，微商作为一种借助自媒体平台而进行线上销售的商业模式，其产品推广活动既有传统商业推广的共性，也有其自身的特性，具体来讲，微商广告推广成交要遵循以下六种要素。

一、用产品质量说话。产品的质量是产品的生命，过硬的产品质量自然会赢得消费者的青睐和信任，有了这样的一个良好的口碑效应，我们的广告推广工作便具有了坚实的基础，为成交创造了一个扎实的平台。

二、用优质的服务说话。服务是商业系统所需要共同遵守的准则，优质的服务能够提升消费者的好感度，让他们充分感受到自己就是“上帝”，全方位享受到购物的快乐体验。相信我们的服务如果做到了优质，消费者就自愿会为产品的宣传推广尽一份力量。

三、用买家秀来说话。消费者购买产品之后，鼓励他们通过图片的形式将产品的使用情况传递过来，然后在朋友圈中发布，以此来让其他还处于观望阶段的消费者看到产品真实的使用状况，促使他们下定购买的决心。

四、转发买家的效果反馈。俗话说“事实胜于雄辩”，买家的评价是金玉良言，是真实的使用效果阐述。所以我们可以从中选择一些具有代表性的买家效果反馈的言辞，将其发布到朋友圈中，这种良好、正面的使用评价将会对其他消费者形成心理冲击和暗示，激发他们尽快下定决心购买。

五、用成交记录说话。产品性能好不好，产品是否具有热卖的效果，一切都以最终的成交记录来如实反映。因此在每隔一段时间之后，我们都要将这一阶段的成交记录数据公布出来，翔实、规范、可信的成交记录无疑具有强大的说服力，由此激发消费者的从众心理：看到别人纷纷购买的现实，也会毫不犹豫地发出购买意向。

六、以产品稀缺性为导向，营造紧张心理。可以在特定时间段内采取限时、限量购买的促销活动。一方面告诉消费者产品数量有限，如果不及早下手，这款紧俏的产品在很长的一段时间内将会断货；另一方面给予一定的优惠，让利给消费者，告诉他们在规定的时间内消费购买，可以享受很多折扣。相信这种以产品稀缺性为基础的购买紧张心理暗示，能够有效激发消费者的购买欲望，促使他们早下决断。

84. 微商成交邀约话术

微商心语

微商成交，其中说话艺术非常重要。会说话，巧说话，往往会让客户如沐春风，促使他们改变犹豫观望的心理，下定购买的决心。

人际交往中，说话艺术非常重要。一个非常会说话的人，其言辞常常让人耳听之后感觉舒服无比，因此倾听者在这种好的心理印象下，也愿意和具继续交往下去；反之，不会说话或语气粗鲁庸俗的人，他所带给倾听者的印象自然好不到哪里去，甚至会让倾听者因此产生厌烦的情绪，再也不愿多花一分钟聆听下去。

由此可见，说话要讲究方式方法，注意语句的修辞，这不仅是一种礼貌，更彰显人们的一种修养，可以带给人许多亲切和随和的感觉。在生活中我们都喜欢和言谈举止优雅从容的人士打交道，就是因为我们欣赏他们身上所蕴含的内在气质，和他们交往能让自我远离低俗和急功近利，拥有一种从容的心态。

具体到微商成交的邀约话术上也是同样的道理。从事微商，每天都要和形形色色的客户打交道，问候、产品介绍、成交谈判等话语必不可少，而在这一过程中，合理、适当的言辞和说话技巧，常常有助于我们抓住更多的客户，将其转化为我们产品的购买者，这就是说话艺术所带来的巨大影响作用。注重谈话技巧，掌握说话方式，往往能够令我们花费最短的时间，而做出最大的业绩。

那么，问题是，在微商成交邀约话术中，我们应当怎样说、如何说，才能够牢牢抓住客户购买的心理呢？一般而言，我们需要注意这样几个方面的问题。

一、主动但不是逼迫。想要销售出产品，离不了主动积极的出击，特别是当客户有了一定的购买意向之后，积极主动地追问才能够促成最终的成交。但需要清楚的是，主动可以，然而不能过分强求，比如说无数次地追问，这种超越限度的主动反而会使营销的效果大打折扣。再举例来说，一位客户表现出了购买倾向，他答应考虑一下，自然我们就要趁胜追击，紧紧抓住客户不放。但有些时候，一些微商的说话策略过于逼迫，一天之中恨不得无数次地重复“您考虑得怎么样了”这样单调的话语，想一想如果换作是你，你会不会产生逆反的心理呢？因此说追问顾客的时候话语次数要适当、适度。

二、说话的语气要尽量婉转一些，站在客户的角度考虑问题。和客户初次打交道，或者是主动询问他们是否在近期内下订单，这个时候切忌语气一定要委婉。比如我们可以这样说，“您好，请问您有什么需要吗？”、“最近怎么样，方便购买了吗？”、“我们最近有活动，现在购买有优惠哦！”这一类的话语温柔亲切又不失热烈的期待，相信客户听了之后肯定会积极地回应我们。

三，在适当的时机内说一些暗示性的话语。比如有客户想要购买产品，但只是一直口头上这样说，订单迟迟不见敲定。这个时候我们可以用暗示性的话语告诉对方，“本期优惠的名额只有十个了，我一直为您留着，如果不尽快做决定，恐怕这期优惠您赶不不上了”。这样一来，客户原本犹豫的心理也会很快转化为坚决购买的决心。

85. 客户说“考虑”时的成交技巧

微商心语

面对客户说出“考虑”的话语时，一定不能放松，告诉自己时间就是金钱，机不可失，时不再来，抓住机会才是王道。

微商中，客户在购买之前，常常会有多种表现，有的是担心产品价格昂贵；有的则是直接拒绝，表示暂时不想购买；还有的则是表示回去好好考虑一下。总之，每一个客户在决定购买之前都有各自的具体表现，但我们的中心目标是促成产品的成交，面对这些客户的行为表现，绝不能知难而退，而是要迎难而上，针对对方不同的表现而采取不同的说话艺术，其效果也往往极为显著。

当我们面对客户说想要考虑一下的时候，千万不能够给客户充分的考虑时间，要明白竞争对手如此之多，一旦不能够及时捕捉客户隐藏的心理活动，就意味着我们将永久失去这位客户。因此面对这一情况，我们可以采取这样的几种说话策略加以应对。

一、询问法。很多时候，客户对我们的产品表示出了一种浓厚的兴趣，也有一定的意向想要购买我们的产品，但可能由于某些原因使得他们没有直截了当地说出购买的话语，梳理其中的原因，无外乎这样的几种情况。

1. 我们在介绍产品信息的时候没有将其功能特性完全说清楚，由此造成对方的误会或不理解，使其感觉产品没有达到自己理想中的状态，产生出犹豫不定的心态。

2. 有一定的难言之隐蕴含在内。这种情况也非常多，可能是客户匆忙出门没有带足够的现金；也可能是一个人对是否购买决定不了，需要和家中人或其他人员商量之后再做决定；也可能是担心产品的质量没有宣传的那样完美，购买回去之后是否可以自由退货、调货。

3. 纯粹的推托之词。不想买但是又不好意思直接拒绝，于是就用“考虑”这一字眼来遮挡一下，好让自己从容脱身。

对于这些可能存在的情况，我们首先要询问清楚其背后的原因，只有清楚了症结所在才可以对症下药；弄清楚原委之后再去结合不同的说话技巧，最大限度地促成成交。

比如对于第 1 种情况，我们不妨对产品再做详细的介绍，让客户充分了解清楚；而对于第 2 种情况，我们可以给对方一些时间，期间不断主动询问他们，始终牢牢把握住对方心理的变化；而对于第 3 种，我们要展示出应有的礼貌，感谢他们的了解咨询，将其作为潜在客户对待。

二、假设法。这种方法也常常屡试不爽，比如我们在客户表示考虑的时候，可以这样对他们说，“先生，如果您现在购买了这款产品，我们这里还有精美的大礼包赠送，这种活动一般一个月才有一次，希望您不要错过”。这种假设性的言辞常常会让对方感觉占到了便宜，因此有助于客户下定购买的决心。

三、直截了当法。有些客户想买又舍不得掏钱，这个时候我们便可以采取直截了当的激将法，比如可以说，“先生，说真的，我不相信像您这样的人士会因为钱的问题影响购买”。男士都非常好面子，这种说话艺术对促成成交也有着显著的作用。

86. 客户“嫌贵”时的成交技巧

微商心语

大多数情况下，客户在产品购买上，都有嫌贵的心理，这是人性中的一大心理倾向，我们不能因为对方嫌贵而恶语相向，而是要采用诱导、分析的说话技巧，改变客户的偏执认知。

微商实际营销中，有些客户在购买产品的时候，经过一番详细的了解之后，会脱口而出，“不是我不想买，而是感觉产品的价格有些贵了，能不能再优惠一些？如果不行的话，我就要考虑去别家购买了”。

面对这样的顾客怎么办？按照他们的意思直接降价？但情况往往是越降价对方越是不满足，或者是对方认为我们初期的产品价格介绍里面蕴含着太多的水分，由此产生不信任的感觉，如此对方购买的决心反而更弱了。所以直接降价并不是一个好的办法，这时我们依然可以采取巧妙的谈话技巧，引导他们认同产品的价格定位，最终促成成交。在具体说话方式上，有这样三种技巧可供学习借鉴。

一、比较法。产品贵不贵，不是客户单方面的心理认知，而是通过同类产品的市场价位比较而来的结果。明白了这一点，我们就可以采取“比较”的说法技巧，来促使客户改变固有的印象。比如我们在售卖一款医疗器械的时候，可以拿出翔实的价格数据，然后以委婉的语气告诉他们，“同类产品中，比价格我们这里其实是最便宜的，比质量我们产品的各项性能丝毫不逊色于对方；所以在同等的质量前提下，我们这里的产品卖出这样的一个价位，确实是已经非常优惠了，所以不要再说价格如何如何了”。

在比较之下，产品价格的高低一览无余，以事实说话让客户无法反驳，所以对促成最终的成交自然有着强大的说服力。

二、分解法。很多客户在价格上纠结，是因为对产品的整体状况不了解，单方面地认为产品整体售价确实太高了，令人难以接受。面对这种情况，我们可以采取化整为零的拆散法，这样对他们说，“先生您看我们的产品，某某部件需要花费多少费用，这件产品由这么多零部件构成，最后整合起来的售价其实并不高，实惠是我们一直坚持的产品售卖原则”。

采取拆分的方法，这样一笔一笔地给对方算一份详细的账目，相信聪明的客户都能感受到我们真诚的说话语气和合理的解释，从而就不再太在意价格的问题了。

三、平均法。客户感觉产品价格昂贵，如果让他认识到平均分摊到每一天或每一个月上面，其花费又是寥寥无几的，就可能说服客户接受产品的定价。因此在说话方式上，我们可以这样说，“您看这款皮鞋，虽然售价高一些，但结实耐穿，一般情况下穿上两年没有问题，您可以自己核算一下，两年时间中平均下来一天能够花费多少金钱呢？想来还没有您日常在抽烟上面的花费多”。如此采取平均的说话方式，对方心里想一想也确实是这么一回事，那么就不会再多争论了。

四、表扬法。表扬法主要是针对客户的爱好面子的心理，然后以此为突破口，通过称赞对方以达到销售产品的目的。所以在使用表扬法的时候，我们不妨这样对客户说，“女士，我看您最适合穿戴这款衣服了，它的色彩配合您的肤色，看起来非常时尚洋气，有一种华贵的气息”。表扬话语恰当到位了，对方就会痛痛快快地掏钱购买。

87. 客户要求“再便宜些”时的成交技巧

微商心语

俗语说，“便宜没好货，好货不便宜”。通俗的话语中蕴含着深刻的道理，我们所需要做的就是将这一理念传递给客户，引导他们形成最终心理上的认同。

“能不能再便宜一些，优惠幅度再大一些？”相信在微商的营销实践中，我们会经常听到客户这样一类的言辞，这些顾客的中心目的就是希望能够让产品的价格再便宜一些，这样自己就可以少掏腰包了。

对于有着这样心理倾向的顾客，我们首先要认识到的是，往往这个时候客户已经在心里面下定决心准备购买我们的产品，只是出于讨价还价的因素，争取将产品的价格适当降下来一些，降一点就意味着金钱的付出少一些，对他们来说，又何乐而不为呢？

对于微商从业者来说，降价不是不可以，但是要分清具体的客户，尤其是对于口头上表示期望我们降价的客户，其实他们的内心深处已经有了购买的决定，这个时候的降价没有什么必须不可的理由，因此我们的原则还是能不降就尽量不降，通过巧妙的言辞劝说和引导，以促使客户尽快下定购买的决心。

一、质量法。质量是产品价格最好的“挡箭牌”，在价格和质量选择上，相信大多数客户会倾向质量，不愿意掏钱购买到自己不满意的产品。因此面对客户一直强调产品价格贵的情况，我们可以从质量的角度帮助对方全面看待产品售价问题。比如我们可以这样对他们说，“先生您是想要一个过硬的产品质量呢？还是着眼于产品的价格呢？我们的产品做工优良，材料上乘，自然耗费了较多的成本，价格上也就略微上扬了一些，但绝对保证质量，希望您能好好衡量一下”。如此一来，客户认可了产品质量，自然就不会在价格上过于斤斤计较了。

二、得失法。得失法也是比较法的一种，通过得失对比，让客户明白产品选择的重心所在，而不是一味地在价格问题上苦苦纠缠。所以面对希望降价的顾客，我们也可以运用得失法的言语来起到引导作用。例如在售卖保健品的时候，我们就可以对他们这样劝说：“您看这款保健品对维护您身体的健康有着显著的疗效，是其他产品所无可替代的，也许您会去选择那些价格上稍微便宜一些的产品，但最终您所期望的治疗保健目的很可能没有达到，这样只求贪图优惠而忽视疗效的行为，是不是有些得不偿失呢？”如此一番得失对比，客户自然会做出最为合理的选择。

三、底牌法。底牌法是一种心理暗示诱导法，通过亮出我们产品价位的底牌，让客户消除期望降价的想法。比如我们在售卖某种风味美食的时候，就可以这样说，“我们所制作的美食风味独一无二，同时在价格方面已经最大限度地让利给顾客了，为的就是薄利多销，打造产品品牌，再降价我们实在没法做下去了”。这种说话技巧让客户产生所看到的已经是产品价格底线的心理，也难以再去讨价还价了。

四、真诚法。真诚法是以情动人、以诚感人。在运用这一说话技巧的时候，我们可以用真诚的语气告诉对方，“若是您确实想买到更低价格的产品，我们这里已经是底线了，难以满足您的愿望，据我所知，其他同类产品也是这个价位，不会有降价的空间”。这种真诚实在的说话方式，将有效消除客户对价格问题的偏执心理，促成他们下定决心购买。

88. 客户说“不需要”时的成交技巧

微商心语

相信一切皆有可能，没有事情是绝对的，所以当客户说出不需要的时候，不能够一走了之，而是应当多去沟通、交流，寻找转机。

微商营销实践中，很多时候往往我们费尽口舌将产品的各项信息给客户做了详细的介绍，但最终的结果常常换来客户冷冰冰的一句回应，“产品我已经了解清楚了，但是我现在还没有打算购买的计划，以后有机会再说吧”。

听到这样的话语，我们的第一反应肯定是灰心失望，感觉自己所有的前期努力都将付诸东流。于是在这样的一个情况下，很多微商会选择放弃，既然客户已经明说不需要了，何必再苦苦纠缠呢?

然而从另一角度看，世间的任何事情都不是绝对的，转机的出现往往是在下一个瞬间，其中的关键除了我们持之以恒的推销介绍之外，还与特定的说话方式或技巧有关。能说话，会说话，紧紧抓住客户的心理活动不断劝说诱导，最后常常会改变对方不愿意购买的想法，使得销售工作出现全面反转。

比如当客户表现出不情愿购买姿态的时候，我们可以这样“迂回进攻”，“先生，您可以试着使用一下我们的产品，相信它一定能够满足您的需求，等您感觉合适的时候，自然就会大量购买”。

当客户明确拒绝购买的时候，我们还要不离不弃，继续劝说，“先生您不要着急拒绝，我在这里向您介绍产品性能的意思，是希望您能够提前了解一下产品的市场行情和发展变化；也许前一段您对我们产品有过一定的了解，但现在经过公司科研人员的研究开发，产品的性能和质量发生了重大变化，我认为非常适合您，希望您能抽出时间多了解一些，相信对您绝对没有任何坏处”。

当客户说等需要的时候再来购买话语的时候，我们也不妨这样对他们说：“先生，您说您以后会在需要的时候考虑购买，那么为何不趁着现在这样一个好的机会多了解一下这款产品呢？等您需要的时候做决定也就很容易了，是不是这样的一个道理呢？”

如果得知客户对其他卖家的同类产品比较倾心，这个时候我们可以这样加以劝说：“先生，我想您多了解一下同类产品的情况没有错吧，多了解就会在具体比较的时候做到心中有数，没有任何害处，是吧？”

所以说，客户在拒绝时候的表现和语气不同，我们的说话方式和技巧也要随之做一些微妙的调整，秉持劝导的原则，为客户可能出现的购买转机行为做一个合理的铺垫。

同时还需要微商从业者注意的是，在运用这一说话方式的时候，要注重展现出自身的真诚一面，对客户的拒绝理由也抱着肯定的态度，然后以此为基础，采取多和客户沟通谈话的方式，采取循循善诱的说话技巧，在双方具体的谈话中寻找到可供我们利用的机会。

89. 客户沉默时的成交技巧

微商心语

客户以沉默的形象示人，并不代表他们不想购买，而可能是出于性格或其他原因，对待这一类型的客户，我们要分清对方沉默的原因，摸清底细后，对症下药，自然可以“药到病除”。

微商营销中，经常会遇到一些沉默寡言的顾客，无论销售人员怎么介绍，这些顾客很少开口说话，也轻易不发表自己的意见，对于这种“水泼不入，针插不进”的消费者，常常让销售人员无从下手，感觉无能为力。于是有些微商从业者就认为这些沉默型的客户好像鸡肋一般，“食之无味，弃之可惜”，接触之后态度也就不要积极了，摆出一副爱买不买的面孔，其实这种思维和做法都是错误的，没有充分认识到沉默型客户背后的实质。

仔细分析沉默型客户的性格特征和心理活动，他们这些人中的大多数反而是比较容易接受销售人员的推介的，并能够成为我们产品的忠实用户。所以在实际营销工作中，我们要分门别类地加以对待，采用巧妙的说话方式，以促成成交。

一、对于天生不爱说话的顾客，我们应当以引导为主。有些顾客不爱说话是自身性格的原因，心中有主见但是在言辞上却轻易不愿表露出来。对待这种类型的顾客，销售人员可以采取诱导的方式，不断地向对方提问，问题一个接一个，迫使对方说出内心的看法。显而易见，这种方式对于性格内向型的顾客极为有效，只要对方开口了，那么接下来的事情就好办了，销售人员就可以根据对方言辞中所流露出来的态度灵活应对，最终也必将收到良好的营销效果。

二、对于不善于说话的顾客，我们要表现出足够的耐心。有一部分顾客不是不想说话，而是个人的表达能力有限，寻找不到合适的言辞，因此他们一般情况下以倾听为主，然后心中开始盘算衡量，当他们感觉到购买时机成熟的时候，就会有所表示。所以对待这一类型的顾客，我们必须有足够的耐心，不要想当然地认为他们的“沉默”是一种拒绝，恰恰相反，这种类型顾客的沉默反而有更大成交的可能性，他们倾听的时间越长，购买的欲望就会越发强烈。

三、会说话，但不愿说话，只是喜欢以“说话”以外的形体动作来表达内心的想法，比如眼神、眉毛活动或嘴型等肢体语言来进行说话。对于这一类型的客户，营销人员的工作重心在于如何让对方开口，所以在实际营销中，要善于营造活跃的气氛，寻找恰当有兴趣的话题，以此来激发对方说话的欲望，等对方一旦打开“话匣子”，那么就会一改沉默的形象，转而滔滔不绝，这个时候我们再去因势利导，取得成功的可能性也就很大了。

四、天生顽固派，故意不说话，不想让销售人员抓住自己话语中的漏洞。对待这一类型的客户，我们在详细讲解完产品的各种优惠条件后，也可以运用沉默的方式和对方“僵持”。比如我们可以在最后这样说："怎么样？价钱很便宜，您打算购买吗？"然后看着对方静静地等待回应，等到他们一开口表示，就可以按照对方的思路逐步打开"缺口"了。

第九章

要点决定成败
——微商赚钱的八大法则

90. 微商平台定位要准确

微商心语

选择一个适合自己介入的平台是微商运营的第一大要素，它关系着你的微商成长速度和效益。所以，在介入微商时不要总盯着微信朋友圈，看看你自己的其他媒体有没有更好的资源和优势，选择一个更加适合自己的平台，会取得更好的效果。

移动互联网技术的发展和自媒体平台的兴起，让微商有了用武之地。观察生活不难发现，微商人员的来源和加入原因非常多，有些曾经是朋友圈中的买家，看到别人做得不错，也加入其中；有些只是一些看客，看到有了商机之后也开始试水。显而易见，这种可以随意转换角色的商业形式是与传统商业最大的区别。

可见，介入微商的方式有很多，平台也不少，那么，到底什么样的方式及平台是自己介入微商的最好入口呢？

下面是我两个微商朋友的故事。

案例1：朱芳是一位全职妈妈，结婚之后最主要工作就是在家带孩子，当孩子睡觉后自己便无事可做，感觉很是无聊。于是，在朋友的介绍下她开了一家淘宝店。

起初，做得不算好也不算差，每个月只能赚一些零花钱。就这样，她经营了半年多，天猫又出现了，淘宝将一些优质的商家都吸引到天猫商城里面，淘宝店的业绩骤然下降。由于自己经营的淘宝规模有限，且天猫设置的门槛较高，此外，要参加一些新活动或者营销都要付出很高的成本，所以自己无法入驻，只能固守着半死不活的淘宝店。

后来微商出现了，了解之后发现操作简单，没有太多的限制，也不影响自己做全职妈妈。为此，她代理了一个香港品牌，开始了自己的微商生意。

案例 2：小王是 2013 年底经营店铺的，起初做的是海外代购，在朋友圈做了一段时间后发现自己的产品过于高端，与自己的朋友圈需求不太匹配。于是他就放弃了海外代购，开始做面膜，虽然利润微薄，但总体来说要比原先海外代购好很多。

我这两位朋友介入微商的入口各不相同，一个是从电商开始的，一个是从海外代购开始的。微商发展到当前这个阶段，对于想要微商创业的人来说，最好的入口莫过于微信这个窗口，它是当前一个发展较成熟稳定的平台，上手也比较容易。

除此之外，我们也可以从微博、QQ 甚至百度贴吧开始，如果你选择它们为微商入口，前提条件是你在这些媒体平台上有大量忠实的粉丝，有着很强的号召力。如果你没有用微信，或者微信只是你平常与朋友沟通的一个普通工具，那么不妨先从自己熟悉有资源的平台开始，最后通过引流的方式过渡到微信这个平台中，也是一个介入微商的好方式。

91. 微商客户群体要明确

微商心语

客户群体定位要以产品的用途为中心，然后以此为基础逐渐扩展，从准客户、潜在客户、边缘客户依次分析定位。重视度也应分明，以准客户为主，边缘客户为辅，准确地进行客户群体定位，才能有效地利用网络平台。

从事销售工作，如何定位客户群体非常重要，清晰精准的客户群可以让我们少费许多精力和时间，和对方谈判产品销售也往往能够事半功倍，这就是客户群体明确的重要意义。换言之，只有“找对人”才能“办对事”。

同样，在微商经营中，如果我们对客户群体不能进行准确的定位，必然会遭遇很多曲折，浪费大量的时间和精力，而最后的结果也常常令人失望透顶，其中的郁闷心情可想而知。

当然，在微商经营中，客户群体的定位不是针对某一个人，而是某一类人，对自己产品有需求的这一类人。

我有一个微商朋友叫李飞，专门经营定制旅行。具体操作方式大致是寻找有旅游需求的客户，然后根据客户的需求定制周到的旅游服务，加之自己手上有很多的旅游资源，所以操作起来很容易，最重要的就是找到有需求的客户。同样，他也利用微信这个平台销售自己的产品。

他对客户群体是这样定位的，因为他提供的是定制的、个性化的旅游服务，所以年轻人、爱好运动的人是他的主要客户群体，此外，经济条件宽裕，注重享受的人也是他的客户群之一。

定位了客户群体，接下来就是找到合适的平台，确定客户群，进行推广，同时引流到微信平台中，方便管理。

首先，他在百度贴吧中找到了一群爱好旅游的客户。于是，他将自己的旅游经验及图片分享到了贴吧中。通过这篇文章，很多旅游爱好者主动加他微信，咨询旅游事宜。随后，他又以同样的方式在豆瓣、QQ群等平台中推广，这样下来，他一年也不用开发新客户了。

我们看到，李飞寻找客户的速度非常快，而且都是潜在客户，这一点非常重要。从他的做法中可以看到，在很短的时间能够集聚一年的客户，基于他对客户群体的准确定位。

打个比方，如果刚开始他没有对客户进行定位，和大多数做微商的小伙伴一样，没有目标性地推广自己的产品，那么就如同大海捞针，“抓”不了几个客户。久而久之，如果刷屏过于频繁，反而容易被一些不感兴趣的好友屏蔽。

所以说，做微商，对客户群体进行定位非常重要，这关系到微商运营的效率以及最终的业绩。客户群体定位要以产品为中心，以市场潮流为参考。比如你是卖面膜的，主要客户群体便是中青年女士；如果你是卖打火机的，主要客户群体便是中年以上抽烟的男士；如果你经营的是一些名贵时尚打火机，那么客户群体还应进行细分，那就是经济能力允许、追求时尚的抽烟男士。

92. 微商创新元素要伴随

微商心语

做微商，如果对营销缺乏认识了解，只是跟风式地加好友并无节制地推广，那么在这个弱肉强食的年代，迟早会被迫默默地退出微商圈。不能够开拓创新，墨守成规，显然是很难在微商这条路上走下去的。

微商的出现是市场发展变化促生出的一种产物，对于整个商业社会来说，微商的出现本身也是一种创新，它适应了时代的变化和市场的需求，对于提出微商这个概念或者第一次运用它的人来说，他绝对是第一个“吃螃蟹”的人，具有很强的创新精神。

缩小视角，就微商创业来说，要做好微商，同样需要开拓创新的精神，这一点从微商的属性来看，就已经要求我们必须在经营中不断做出创新，才能更加适应当前的市场和人们的生活习惯。

微商给了我们很多人创业的机会，而要做好就要不断地进行开拓创新。开拓创新是微商创业活动的中心，也是主要任务。在这种形势下，微商创业者必须具备创新的能力，能够接受新鲜事物，具有一定的想象力。在经营的过程中可以提出新的设想和方案，对未来有新的目标和追求。

当前的微商大军在日益增多，同种类型的产品其中竞争者也非常多，如果我们仅仅是非常简单地在朋友圈刷信息，已经很难有竞争力，这样可能只会让好友把自己拉黑；如果我们只是墨守成规地每天上传产品信息，然后等着有人找你购买产品，这只能说是一种梦想。那么，如何才能在微商大军中凸显自己，提升自己的竞争力呢？最好的方法就是开拓创新，通权达变，根据客户的需求和商业潮流做出相应的改变，并保持这样一种改变的观念。

“永远跟对市场趋势，你的微商会永远聚满人气。”这是一位微商创业者张帆曾经说过的一句话，仔细品味这句话，他所说的跟对市场趋势其实就是一种创新，在市场发生变化的时候，能够适时调整自己的经营策略思路。

张帆曾经是一个微商代理者，是做微商最早的一批人。刚开始他代理了一家企业的化妆品，产品很多，什么面膜、洗面奶、润肤露等。由于那时候做的人很少，也算是一个新事物，一些追赶潮流的人容易接受，销量还算不错。

后来做的人越来越多，竞争态势无形中变得激烈起来，消费者对微商的要求也逐渐提高。这时张帆快速改变了推广策略，运用当红网络风格及文字来更新朋友圈信息，此外，在其他自媒体如微博、QQ等做推广链接，业绩依然不断攀升。

随着微商的逐渐普及，很多人都开始用微商创业，面对如此庞大的群体，张帆又推出了微商产品销售，通过微商找微商代理，由“卖产品”转换为“找人”，如今，他已经是微商界赫赫有名的人物，经常被邀请去各地讲课培训。

纵观张帆的微商创业历程，最大的特点就在于创新，适时而变，总能够呈现给消费者最喜欢最能够接受的一面，这也是他成功的主要原因。

每一个做微商的人开拓创新的能力有大有小，这一点我们不可否认，但这不是最重要的。关键是对开拓创新报以什么样的态度，是跟着别人创新，因为怕担风险只是简单的改变，还是不畏风险，看准时机能够勇于改变创新，这一点将直接反映在微商经营的业绩及成熟度上。

93. 微商竞争要显示优势

微商心语

对于微商来说，不管竞争战略如何，最为重要的是，在运用一个或者多个竞争战略时，不要单一地去复制，而是要根据自己的微商特点进行合理的取舍。

微商虽然是一种新型的商业模式，但是其运转规律也要符合商业形态的本质要求，其中竞争是不可回避的一大问题。而竞争必然要凸显出自身的优势，单靠勇气和魄力是不够的，由此才可以脱颖而出，成为笑到最后的“王者”。

做微商要明白一个“28 定律”，其意思是指社会中 20% 的人占有 80% 的社会财富；当你进入一个行业后，10 个人有 2 个人赚钱，8 个人是持平或者亏本。由此可见，在微商创业的过程中，我们应该有一种强烈的危机感，不要觉得这是一块金地，谁都可以捡钱。制定好竞争战略，才能不输于他人，成为其中 20% 的那一部分人。

在一次微商培训交流会议上，主持人请上来一位刚入行的微商新手，请他谈谈经营一段微商之后的感受。

这位男士做微商差不多快一年了，在台上说起微商，他的话语滔滔不绝如黄河流水一般，似乎永远说不完。

找到一个插话的空隙，主持人询问他："看来你对微商了解很多，不知道你当初为什么会选择做微商？"

他说："微商可是一块金地啊，没有什么投入就可以去做，谁不做谁才傻呢！"

主持人接着问道："您的生意目前怎么样呢？"

他说："一般吧，一个月也就赚1000元左右，这不，商家让我去他们公司培训呢！"

主持人接着问："您看现在做微商的人这么多，同样的产品已经很多，您的竞争战略是什么呢？"

他说："什么竞争战略？这个没有，只要认真做，我想就一定能够做好。"

显然，他对竞争战略一无所知，而这也是主持人想要的回答结果，因为他今天和大家所分享的正是如何体现出竞争优势的话题。

其实，很多人之所以从事微商是奔着这股潮流去的，没有任何的规划和计划，只是听说微商创业投入低、操作容易、能赚钱。于是不问青红皂白，一股脑地开始做。当然，这种情况我们可以理解，看到大家都觉得赚钱的行业，谁不想去尝试一下呢？

但是，我们在做的过程中不能只是按部就班，没有规划地去经营，最为主要的是要给自己制定相应的竞争战略，哪怕是纸上谈兵也好，这样也能够给自己确立一个竞争的方向。

那么，我们如何制定微商运营竞争战略呢？大体上可以分为三种基本类型。

一、成本领先战略。也就是说采用合适的方法让自己的成本低于竞争对手，随后取得价格优势。在这种战略下，我们需要加强各种费用的控制，比如推销、广告、服务、物流快递等方面的成本。需要注意的是，运用成本策略时，产品质量一定不可以降低。

二、差异化战略。也就是说让我们的微商运营更加具有特色优势，如独特的推广方式、个性醒目的图片、有趣具有吸引力的文字、独特的产品包装、与众不同的宣传方式等。这种方式可能会增加经营者的脑力劳动时间，耗费一定的精力，但对于大多数顾客来说，即使价格稍高一些，他们也愿意接受。

三、目标集中战略。微商经营主要针对的客户是朋友圈中自己的好友，这个目标是固定的，但在这些客户群中，谁是真正可能购买你产品的客户，我们不得而知。为此，我们可以将客户群进一步细分，将潜在客户集中起来。比如建一个群，把潜在客户引流到这个群中，然后为他们提供服务，这样成交的概率会大大提升。

94. 借助微商大数据来分析

微商心语

微商大数据是从整体上看待微商现状和未来发展趋势的一种客观理性的梳理分析，作为微商从业者，明白微商大数据背后所蕴含的发展规律，对个人营销活动的开展将起到指导性的作用。

生活中不少人会发现这样的一个现象，朋友圈中越来越多的人从事微商工作了，他们所代理销售的产品也五花八门，面膜、皮包、保健品、食品等不一而足，从新型自媒体的出现到微商的风起云涌，中间似乎仅仅间隔了一个很短的时间，仿佛在一夜之间这些微商已然占领了朋友圈的半壁江山。

那么如果问，微商在新的时代条件下发展的趋势会怎样？是否具备强劲的发展潜力？整个行业的现状又是什么样？这些问题对于一般人甚至是具体从事微商营销的人士来说，都很难回答出来。

因此在这里我们就借助微商大数据，来对微商这一新型的商业模式行业现状和未来发展作一个简单的梳理，微商从业者也只有从整体与宏观上去看待全局，才能够促使自身的工作方向更为明确具体。

第一，整体趋势。分析近几年微商的发展状况不难发现，微商行业的拐点已经显现，比如以化妆品、护肤品为主的微商数量呈现逐步下滑的趋势，取而代之的是平台微商，这一微商形式已经悄然成为行业的主流，并且在品牌微商、社群微商以及个人微商的融合下，规模进一步扩大；同时在另一方面，微商已由最初的狂热转变为更加平和理性，人们也能够以宽容的姿态来看待身边的微商。

第二，从微商组成人员看，微商从业人员的性别构成以女性为主，这也符合微商商业模式特征的要求；在人群分布上，主要以学生党居多，自由职业者紧随其后；从年龄上看，微商从业者大多是“90后”，年轻人占很大的比例。

第三，从管理上看，微商团队整体管理能力还不是太强，对代理商的扶持和培训指导力度依然不够。对于这一现状上的差距，正确的方法依然是要通过团队培训的方式以提高凝聚力和向心力，加大对微商代理者的指导帮扶力度，教会他们如何经营好自我的社交平台。

第四，从发展手段上看，通过刷屏吸粉的低端手段依然有着强大的力量；但在另一方面，一些新颖独特的文案策划也悄然出现，这些文案更注重营销策划，在视觉上呈现出新鲜有趣的特色，并以此来吸引大家的关注度。

第五，未来发展趋势。首先是平台微商逐步通过渠道向生态方向转变，移动社交购物平台将呈现出更加多元化的特征，这一移动社交购物平台融合了商品、社交、平台、终端以及第三方等多个方面，功能性更强，包容性更大；其次是微商和移动社交平台需要良性运作来作为基础性的支撑，以此来确保其活跃度；最后是需要重新着力打造微商和消费者之间牢固的情感信任关系，以新型、健康、互惠共赢为原则和目标，塑造出崭新的社交信任。

95. 平台运作要抓住细节

微商心语

微商的营销工作是建立在平台基础之上的一种新型商业模式，注重平台细节的运作，将有助于我们抓住营销工作的实质和核心，从而全面推动自我营销工作的开展。

微商平台运作往往关系到微商工作的整体成败，因此在具体微营销实践中，我们要注重平台的运作，并在其中抓住运作的细节，以细节促发展，只有细节完善了，微商整体营销局面才有可能得到全面的打开。

一、采取各种措施提高搜索排名。搜索排名在微商平台运作中占据极为重要的位置，因为其关系到微商吸引粉丝数量多少的大问题，搜索排名靠前，自然会让更多的消费者注意到，这样无形中就会为自身吸引到众多的粉丝，而众多粉丝的存在又是微商营销工作开展的基础，因此必须重视搜索排名工作。

二、平台定位要明确。平台定位工作关系到微商的未来发展方向，定位合理、准确、科学，能够及时把握微商发展的趋势和脉络，对于微商从业者来说，这就好比是抢先一步占据了发展的先机，为自身的营销工作打下坚实的基础。

三、在平台运营上要秉持精耕细作的理念。微商这一商业模式离不开精心的耕耘和呵护，既然投身其中，就应当抱着将其经营得有声有色的决心，懒惰不作为只能导致微商工作的失败。所以以精耕细作的方式，努力打理自我的一片商业天地，相信付出必有回报。

四、举办多种多样的平台活动，以吸引更多的粉丝。平台运营离不开各种优惠促销活动，通过这些活动提高平台的人气和活跃度，以此来建立和粉丝之间强有力的情感关系，从而使他们成为我们产品的忠实拥趸。

五、平台活动内容要有针对性。举办活动不能离题万里，要以产品的特性为中心，以呈现产品的特色为导向，同时在活动中要寻找精准的目标客户群，只有如此，才能够让活动高效、完美，取得预想中的成功。

六、适当地加入一些视频内容。相比较文字、图片的形式，视频的制作和播放更具有趣味性，也极易引起粉丝的观看兴趣。所以在具体营销活动中，适当地添加生动有趣的视频内容，以有声的语言来达到吸粉的目的。

七、注重平台服务，以精湛的服务来赢得回头客。服务在任何一种商业模式中都有着无可替代的重要作用，它能够以特有的亲切感和温馨感赢得消费者的好感和青睐，并由此建立起售卖双方紧密的情感关系，最终粉丝转变成“钢丝”，成为我们产品的忠实用户。

八、运用大数据分析，了解客户的反馈信息。客户对产品的信息反馈，将有助于我们改进工作方式和服务理念，所以在具体工作中，要注重收集平台运营的大数据，从数据背后分析蕴含的信息，然后以客户的反馈为导向，逐步提升和完善我们的各项工作，始终以最佳的姿态呈现在消费者面前。

96. 微商“4321法则”

微商心语

微商营销工作，不仅是一个产品信息宣传、推介、传播的过程，更是一个时间如何有效管理的过程，合理、适当地利用宝贵的时间，对于营销工作的成功来说具有重要的意义。

所谓微商的“4321 法则”，是指在具体营销活动中，微商从业者可以将销售时间分为几个部分：40% 的时间用来与粉丝开展互动工作；30% 的时间用来与粉丝分享价值；20% 的时间用来与客户进行沟通；最后剩下 10% 的时间主要用于促使产品成交工作的形成。

一、用 40% 的时间与粉丝开展互动工作。互动的重要性在前文中已经有过详细的论述，简言之，没有互动就没有热度，就无法和粉丝建立牢固的情感联系，如此营销工作的开展会因为缺乏互动而受到严重的负面影响。所以重视互动的积极作用，自然在这一模式上要花费大量的时间，多用一点精力来和粉丝展开情感交流活动。

在具体方式上，我们可以和粉丝多聊天、多交流，或者是对他们的评价点赞给予积极主动的回复，粉丝感受到我们对他们的重视，那么这种建立在情感联系基础上的互动会有效增强彼此之间的信任感，这样就为成交打下了坚实的基础。

二、用 30% 的时间与粉丝分享价值。作为微商从业者所需要知道的是，我们每天都要和不同的粉丝、顾客、代理等相关人群打交道，人群不一样，其对价值的需求也不尽相同。具体来说，粉丝所希望从我们身上得到的是快乐，能够让自我紧张的工作情绪得到充分的放松；而顾客则希望我们能够在产品质量和售后上下功夫，只有买着放心的产品才会使他们有购买的兴趣和欲望；对于我们产品的代理商来说，他们更为关心的是产品代理之后能够给他们带来多大的经济利益，他们在具体产品销售中可以获得我们多大的指导和帮助。

由此可见，不同的群体有不同的价值取向，明白了这一点，微商从业者就应当分类对待，以分享价值为导向，最大限度地促成成交的形成。

三、用 20% 的时间与客户进行沟通。顾客开始询问我们产品的具体情况，这一现象表明对方已经有了一定的购买意向，在这一阶段要耐心地向顾客讲解有关产品各方面的信息，因此在时间比上要占用 20% 左右，以此来引导顾客逐步达成成交意向。

四、用 10% 的时间促使产品成交工作的形成。这一阶段意味着我们的营销工作已经进入了收尾的阶段，所以说花费的时间和前面几个阶段相比也最少，并且有了前面几个方面的铺垫，对于最终的成交来说几乎是水到渠成了。

认识并善于使用微商的“4321法则”，将有助于我们平均合理地分配整个营销流程过程中的时间，并在整个过程中以真诚和真心来对待每一位顾客，将他们当作我们的朋友看待，做到这些，相信我们就已经把握住了微商营销的精髓所在了。

97. 做好微商售后服务

微商心语

从事过商业活动的人士都有过这样的感受，发展一名新客户所需要花费的时间和精力，要远远大于维护一个成熟的老客户。而老客户依靠什么来维护？答案就是优质的售后服务，通过服务提升客户的满意度，以此吸引客户、留住客户。

在很多微商从业者眼中，微商营销工作无非是想法设法将产品售卖出去，然后从中获取必要的利润，也就是说，在他们的观念中，只要将产品售卖出去，整个微商营销活动就算结束了，完全不需要什么售后服务工作，从事售后的服务是浪费个人的时间和精力，可谓得不偿失。

但事实正是如此吗？如果抱着这样的观念，很显然，这些微商从业者的微商之路注定难以长远。如果只注重利润的获取，而忽视顾客的满意度，即使是售卖出产品，也仅仅是一种简单的产品卖出，再也不会有回头客来光顾我们的产品了。这对于微商这种大多依靠朋友圈的社交信任关系所建立起来的商业模式，将是一种沉重的打击，缺乏顾客的重复购买，也就意味着这些微商从业者每做一单生意，就会少一名忠实的粉丝，久而久之，这些微商的发展之路就会被完全堵死。

反过来看，做好微商售后服务，必将给我们的营销工作带来积极的正面影响，其具体表现有这样几个方面。

一、有助于提高客户满意度，增加重复购买率。客户购买产品并在使用过程中，由于各方面的原因，肯定会有诸多的疑问，而这些疑问如果能够得到我们及时的回复而解决，对提升其满意度将有着显著的效果，客户满意了，再次购买才会成为可能。

二、有助于提升品牌影响力。很多人都曾谈论过品牌影响力的问题，但究竟什么是品牌影响力呢？除了过硬的产品质量之外，优质的售后服务也是提升品牌影响力的重要方面，这就是口碑效应的正面影响和促进作用。

三、有助于转介绍和发展产品代理商工作的开展。优质的售后服务，会使得消费者高度信赖我们的产品，这样他们也愿意主动向身边的亲朋好友推介产品，这就是转介绍行为的体现；另外，对于代理商来说，他们所关注的重点也是产品的售后服务问题，上级的产品售后服务体系完善，代理商才会放心地从事我们产品的代理。

那么如何才能够做好售后服务呢？或者说，做好售后服务需要从哪些地方入手？

一是要具备耐心。面对客户提出的各种问题，不能够表现出不耐烦的态度，一定要认真细致地加以解释或解决。

二是放眼长远，不计较一时利益的得失。做售后服务工作，自然会付出额外的成本，甚至会拿出一部分利润来贴补这项工作。但无论如何，微商从业者都应当着眼长远，一时的利益损失可以承受得住，这样才能够由舍而得，获得更大的回报。

三是做好定期访问客户工作。售后服务不是坐等顾客有了问题上门才去服务，而是要采取主动的姿态，做好流程体现工作，将每一位客户需要定期访问的日期标注清楚，及时回访、跟踪，相信积极主动的姿态更能赢得顾客的欢心。

第十章

行业决定细节——不同行业微商的赚钱门道

98. 化妆品、美容类

微商心语

化妆品、美容类的产品营销，注重的是实际的使用效果，尤其是对于那些爱美的女性顾客来说，产品贵不贵、档次高不高倒是其次，关键要能体现出其效果，抓住护肤品产品美肤的核心开展营销工作，自然会收到良好的营销效果。

涉及化妆品、美容类的护肤品类，比如面膜、BB霜、祛痘霜、手工皂、减肥美容产品等，是很多微商从业者的首选。其原因在于这些产品的使用者以女性为主，对于那些无论是否爱美的女士来说，选择一款护肤产品是再也寻常不过的事情了；同时在另一方面，这些产品又归属于易耗品的范围，重复购买概率高，所以大多数微商从业者所售卖的产品都可以划分到这一类别中，在具体的营销活动中，我们需要注意这样的几个细节。

一、代理产品之时选择一个好的上家。一个好的上家不仅影响到产品的质量，更为重要的是，他们有着一支管理完善的团队，在团队有效的运作下，我们可以从中得到全面的营销知识培训，遇到问题也能够得到对方的帮助。

二、专注做一款产品，并将其做精做细。做护肤产品，必须做到精细化，不能什么都想卖，以致什么也卖不好。

三、亲身试用，分享心得。对于护肤品来说，效果好不好只有亲自使用后才知道，而这是从事这一行业人士所必须重视的地方，亲自使用之后，确实效果不错，这样才可以将其分享到朋友圈中，以显示我们诚信经商的一面。

四、传播产品信息时应当采取循序渐进的方式。一上来就发朋友圈的行为很令人反感，正确的方式是从个人的生活分享入手，逐步深入，慢慢转换微商的角色，让顾客能有一个渐进的接受过程。

五、线上营销，线下成交。对于护肤品来说，赠送试用的工作也很重要，因此我们可以一方面在线上宣传介绍产品的性能，另一方面通过私聊的方式联系意向顾客，先赠送她们一些试用，顾客在使用之后有了效果，自然就会前来购买。

六、以专业的形象打造产品品牌影响力。从事护肤品的营销，专业的形象很重要，唯有如此，才能够赢得女性顾客的青睐和信任，她们在具体购买产品的时候也才会更放心。所以一切应体现出专业的素养，比如头像一定要设置成清晰的公司商标或者是产品的图片样式，并且保持长时间不变换，以此来达到赢得女性消费者的信任以及打造产品品牌影响力的目的。

99. 医疗保健养生类

微商心语

医疗养生保健类产品的营销，主要应当牢牢抓住客户关心身体健康的心理，以帮助他们解决实际身体问题为抓手，通过心理暗示和引导活动，促使他们下定购买的决心。

医疗养生保健类产品的营销，主要是指诸如酵素、玛咖、茶叶、茶油、燕窝等一类产品，这些产品以呵护人体健康为目标，在具体营销中，我们所需要注意的细节主要有这样几个方面。

一、危机法则。从事医疗养生保健类产品的营销，最主要的是要抓住人们都希望永葆健康的心理，然后以此作为突破口，促使营销局面的形成。

使用危机法则从事保健养生类产品的营销，需要我们站在顾客的角度想问题。顾客购买产品的目的是什么？自然是希望使用之后能够祛病延年，获得一个健健康康的身体。所以我们在介绍产品功效的时候，一定要告诉对方，只有购买了我们所销售的产品，才可能远离痛苦的干扰，从而获得一个良好身体。反之，如果不去使用我们的产品，顾客对于其身体内部健康所存在的潜在隐患将无能为力，身体会随着时间的发展受到各种各样的疾病侵扰。这样一来，顾客的脑海中就会形成一个“宁可信其有不可信其无”的念头，在这种念头的驱使下，他们就会倾向购买我们的产品了。

显而易见，这种危机法则是针对顾客害怕得病的心理作为突破口的，对自身的身体健康有了焦虑感，自然会激发他们购买产品以增强自身体质的欲望，产品最终的营销也就得以成功了。

二、解决问题原则。以此为基础，讲出产品的特色和亮点。比如针对男性朋友，在销售玛咖这一保健品的时候，我们要力争将产品使用之后的种种效果描述出来，突出产品的特色和亮点。所以在具体介绍产品功能的时候，告诉他们使用了产品之后，身体有问题则可以起到雪中送炭的作用，身体没有问题则能够起到锦上添花的良好效果。总之一句话，使用我们的产品百利而无一害，相信这样的言辞必定能够打动对方的心。

三、短缺法则。短缺法则就是在和客户沟通的时候，强调如果对方不使用我们的产品，那么不仅对身体的健康带来严重的危害，严重者还会危及生命。每一个人都希望自己的身体强壮健康，想到一旦失去健康肯定无比痛苦，由此在内心深处自然就会升起一种恐惧无助感，而这种恐惧无助感将有助于他们做出购买的决定。

四、有奖征文法则。有奖征文可以针对某一特定产品，以经济利益刺激的方式吸引目标客户群积极参与到征文的写作中去。比如我们售卖某一款的酵素产品，就可以搞一个征文比赛，这样一方面能够有效提高关注度，起到活跃气氛的作用，同时通过相关消费者的现身说法，讲述自己使用产品的真实感受，对其他顾客产生巨大的影响和带动作用。

100. 奢侈品类

微商心语

奢侈品类的微营销，主要是要紧紧抓住消费者爱面子的心理，突出产品的品位和地位，以及由此带给他们高人一等的优越感，能够做到这些，相信我们产品营销的目的就可以轻松达到了。

奢侈品类产品的营销，主要是指销售诸如LV包包、爱马仕皮带、手表等名牌奢侈产品，这些奢侈品大多时尚精致，品位卓越不凡，是一个人身份地位的象征。对于这一类产品的微营销，我们应当注意这样几个细节工作。

一、要善于应和消费者的情感欲望。所谓的情感欲望，通俗地讲，就是能够提升消费者个人的身份地位，彰显出其与众不同的生活品味。因此在具体营销中，我们要善于抓住消费者爱面子的心理，告诉他们使用我们所销售的产品之后，肯定能够提升其个人的生活品味，人前人后倍有面子，这样一来，消费者的虚荣心便会被激发出来，其成交的意向也就越发强烈了。

二、突出奢侈品品牌的视觉冲击力。既然能够称得上是奢侈品，其尊贵、华丽的外表和特有的精美包装必不可少，这样才能够充分体现出产品高端大气上档次的非凡格调，也才会牢牢吸引住消费者的目光。

三、全面呈现出其与众不同的价值观。很多奢侈品都非常注重品牌精神和内涵的阐述，将其与众不同的价值观传递给消费者。例如爱马仕皮带，是一种绅士地位的象征，是成功人士身份的重要标志，当消费者明白品牌背后的价值内涵之后，他们选择的目标也就更加清晰明确了。

四、建立顶级的品牌体验。对于奢侈品销售来说，它和普通消费品的销售所不同的是，要在销售体验上打造个人体验的私人空间，力争在这个基础上营造出尊贵的氛围和非凡的产品体验感。所以我们在线下和目标客户群接触的时候，可以通过设立私人体验馆来增强消费者爱面子的心理，以和普通产品的销售体验区分开来。

五、善于讲述品牌背后的故事。奢侈品品牌背后都流传着一个意义非凡的故事，将这一故事讲述给消费者，无疑会有助于增强他们对奢侈品品牌的认同感。比如世界顶级手表百达翡丽所强调的那样，“没有人能够真正拥有百达翡丽，只是为下一代保管而已”。通过这样的话语，就能够将百达翡丽独特的收藏价值完美地传递出来，以此来深深打动顾客的内心。

六、突出产品品质。奢侈品之所以是奢侈品，除了其与众不同的价值内涵和文化精神之外，更为重要的是，这些奢侈品无论在材质选择上还是工艺制作上，都精益求精，追求极致的完美。比如劳力士手表，全过程纯手工打造，和那些大机器自动化生产出来的产品相比，更能突出匠人的手工技艺的高超和精湛，无疑这也是打动顾客的一个重要方面。

101. 食品类

微商心语

食品类产品的微营销，重在突出产品的安全和绿色等特色上面，尤其在社会产品无比丰富的今天，人们身边缺乏的并不是美食，而是食品的安全性，以此作为产品售卖的亮点，其营销效果自然令人惊喜。

食品类产品主要是指日常生活中人们喜爱食用的一些零食类食物，主要有水果、干果、地方特产等，在食品类营销中，也需要注重微营销的细节。

一、选择最好的货源。最好的货源才能充分保证食品的质量，使之口味纯正，并且安全性也会得到全面的保证。从事食品营销，除了味道之外，最为重要的就是食品的安全性，卫生是第一，绝不能有危害消费者身体健康情况的出现，即使是最轻微的不适感也不允许存在，这是食品营销的重中之重。

二、主打绿色、有机的生活理念。现代社会中的消费者不再缺衣少穿，他们更注重生活品味的追求，所以绿色、有机食品成了当下消费理念的主流。明白了这一点，微商从业者就要在“绿色、有机”四个字上做文章，迎合消费潮流发展趋势的要求，一定能够取得较好的销售成果。

三、确保食品的新鲜性，尤其对水果一类的食品。一般情况下，食品都有较长的保质期，但对于一些时令水果，新鲜是第一要求，同时也是一大卖点。比如生长在南方地区的杨梅，从采摘到食用也就三天的时间，所以在发货给客户的时候，必须保证三天之内到货；另外，也正是因为杨梅的新鲜，消费者才会有强烈的品尝欲望，因此微商从业者在水果一类食品的售卖上，应当牢牢以新鲜为卖点，以此激发消费者的购买欲。

四、常规情况下，选择最大众化的食品。食品是快速消费品，应当以大众化导向为思路，争取满足更多人的口味需求，这样才会有目标人群可供挖掘。

五、包装要精美，尤其对于特产类食品，应当充分体现出地域特色。食品销售非常讲究包装，一方面精美的包装会让人感觉干净、卫生；另一方面，图文并茂的外观设计和包装，会激发人们的食欲，看到食品的外部包装就产生想吃的冲动，做到这一点，就意味着我们的产品外观设计已经取得了成功，它将会为最终的营销加分不少。

对于特产类的食品，在包装设计上还应体现出地域特色，让人一看之下就可以感受到浓浓的地域风情，相信这种外观设计也是吸引消费者关注的重要方面。

102. 定制类

微商心语

定制类产品的微营销，要紧紧以个性化为导向，突出其新颖、新奇的特色。

所谓定制类的产品，主要是指诸如定制T恤、头像设计、漫画、手机壳、礼物、鲜花等方面的商品。对于这一类产品的微营销，我们应当注意这样几个细节工作。

一、定制类的产品要突出高度个性化。人们之所以喜欢定制类的产品，主要原因之一是喜欢上了它高度个性化的外观设计，它能够充分满足自身个性化的需求。尤其是在当今这样一个多元化的社会，人们的消费需求越来越重视自我的个性化满足，这也在客观上造成了定制产品市场的蓬勃兴起。

既然是定制产品，那么它就和普通的标准型产品有了显著的外观区别，一切以个性化为主要定制方向。比如有客户要求将自我的头像印刷到水杯上面，我们就要充分满足对方的需求，以个性化来牢牢抓住客户的消费欲望。

二、卖创意，突出新颖、新奇的特色。产品除个性化之外，还要突出新奇独特的创意设计，因为单单一个个性化，并不能将产品定制的内涵包含完全，它还需要新奇、新颖为注脚，两者完美结合，定制化的产品创意才可以达到一个新的高度。比如各类挂饰和装饰品，新颖、独特的外观设计就非常重要，这是产品的亮点所在。

三、卖情感、卖情怀，以情怀动人。每一个人的人生经历都是独一无二的，如此精彩又如此波荡起伏，其中有值得珍藏的大量片段，亲情展现、初恋情怀、美好岁月，这些都可以提炼出特定的自我缅怀情感出来。所以定制产品的微营销就要突出产品的情怀理念，以情怀动人，以此来引发消费者定制的强烈冲动。

四、卖文化，突出产品的文化价值。随着社会经济的发展，消费者对于产品的使用价值和实用性的追求已经不是唯一的消费理念了，他们更关心的地方还在于产品所能体现出来的文化价值，也就是对产品文化属性的需要和欣赏。所以我们在具体微营销的过程中，要以产品的文化价值作为提升其品牌影响力的抓手，实现个人定制产品的热销。

五、注重听从消费者的意见，让他们充分进入产品的生产过程之中。定制化产品的一大显著变化就是有了消费者的积极参与，他们往往提出自己的建议和意见，希望微商能够提供出符合他们内心想法的产品，因此在具体设计产品的时候，应积极听从消费者的意见，并想方设法激发他们的奇思妙想，只有让消费者有了参与的兴趣和热度，我们的定制营销工作才能够彻底打开。

103. 生活类

微商心语

生活类产品的营销要充分体现出大众化、亲民化的特征，以科技、健康、环保为导向，始终把握住消费者的情感需求。

生活类产品的营销，主要是指销售诸如柠檬杯、榨汁机、母婴用品、榨油机、保温杯、手机壳、情趣用品等一类产品，这些物品在微营销中也比较常见，涉及我们生活的各个方面，对于这一类产品的微营销，我们应当注意这样几个细节工作。

一、产品选择上体现大众化。生活类的产品涉及范围广，涵盖了人们生活方方面面，所以在产品选择上也应尽量去寻找那些应用较为广泛的产品代理销售，以大众化为特色。比如榨汁机、保温杯，这些产品几乎每个家庭、每一个人都会用到，其应用范围极其广阔，所以有强大的消费群体作为支撑，对于营销工作的开展将起到很好的促进作用。

二、产品价格要亲民。既然是生活类产品的微营销，那么就要在价格上接地气，价格定位不能过高，否则会影响到后续的销售情况。在具体制定价格上，一方面要参考同类产品的售价情况，另一方面结合自身产品的质量、品牌，然后综合统一，制定出最为适合的价格。

三、产品要体现出环保理念。生活类的产品是每个家庭必然消费的物品，在产品理念营销上要突出环保健康的特征，迎合现代社会的发展趋势与潮流，如此才能够赢得消费者的青睐，激发他们的购买欲望。

四、产品要体现出高科技的理念。虽然生活类的产品很普通常见，但是它并不排斥对科技的追求，尤其是随着人们生活水平的提高，对科技含量的产品也越发重视起来，“科技引领生活”已经成为时尚的消费观念。明白了这一点，微商从业者就知道如何利用科技概念来吸引消费者的目光了。

五、安全卫生依然是重中之重。任何产品安全是第一要素，对生活类产品来说更是如此，只有安全才能够让消费者放心购买。比如母婴一类的生活用品，由于涉及婴幼儿的身体健康，所以安全卫生的营销理念处于一个重要的位置，这也是这一类产品的主要卖点所在。

六、突出舒适性、情趣化。这一点主要是针对情趣用品的销售，对于这类产品，微商从业者在具体营销的时候应当抓住其情趣化的一面，以此作为产品的重要特色，从而打动消费者的内心。

104. 服饰类

微商心语

服饰类产品的微营销要体现出时尚性的特征，紧紧抓住消费者爱面子的心理展开具体的营销活动。

服饰类分为两大部分：一种是鞋服类，另一种是妆饰品类。鞋服类产品的营销，主要是指销售诸如服装、鞋子、帽子等一类产品；妆饰品类产品的营销，主要是指销售诸如银饰饰品、佛牌、珠宝、宝石、翡翠、玉石手链、服装、鞋子等一类产品。这些物品涵盖人们日常生活的穿戴方面，在具体营销中，我们所需要注意的细节主要有这样几个方面。

一、以时尚化为导向。无论是鞋服类产品还是妆饰品类商品，时尚永远是其追求的主流，产品只有体现出时尚类的特征，才能够牢牢地吸引消费者关注的目光，从而激发他们的购买欲望。可以想象到的是，微商从业者所售卖的产品如果能够紧跟时代潮流的发展趋势，和当下最为流行的时尚元素充分结合，无疑对提升消费者的消费欲望有着显著的刺激效应。很多从事这一类产品营销的微商之所以一直不能取得销售业绩的大幅度提升，其原因也正在于此。

二、体现出较大的舒适性。尤其是对于鞋服类产品的微营销，舒适性是其中一个非常重要的方面，也是消费者选择购买产品的重要参考标准，相信没有人愿意穿戴让自身感到不舒服的衣服鞋帽等产品，这种行为无疑是花钱买罪受。所以微商从业者在产品的选择上要以舒适性为导向，注重选择那些透气、手感较好的棉质产品。

三、结实耐用也是一个重要的方面。这里面蕴含着一个质量的概念，对于消费者来说，他们愿意花上较贵的价格购买令自己满意的产品，如果所购买的这些产品费用不低，但是质量问题频频，相信他们会对微商从业者的营销工作给出差评。要知道“金杯、银杯，不如消费者的口碑”，丢失了消费者的好感，我们的微营销之路也就难以走得长远了。

四、款式、色彩要多样化，让消费者有较大的选择余地。无论是鞋服类产品还是妆饰品类商品，一定要做到款式多样化、色彩丰富化，消费者看到我们的产品种类丰富，显然就会将目光停留在我们的产品之上，在一番仔细比较之后自然会选择出令他们满意的产品来。

五、品位，还是品位。这一点对鞋服类和妆饰品类都非常适用，这是因为这些产品主要是以穿戴为主，时刻表现出一个人的外在形象，所以要将品位作为其营销工作的重点，以此让消费者感受到尊贵、卓越不凡的气质内涵，这样才能够深深打动他们。

六、品牌。对于服饰类产品来说，品牌也非常重要，具有一定知名度的品牌产品，才会让他们感觉倍有面子，这也是消费者虚荣心的潜意识流露，在具体营销工作中需要我们有充分的认识。

105. 教育类

微商心语

教育类产品的微营销要体现出科技含量，以高科技营销概念为推手，以此来激发消费者购买的决心。

教育类产品的营销，一般分为两个方面进行：从硬件上看，教育类产品营销主要是指销售诸如数码学习机、电子词典、平板电脑等电子产品；从软件上看，主要是销售诸如在线教育课程、在线学习网站等线上教育产品。在具体营销中，我们所需要注意的细节主要有这样几个方面。

一、加强品牌意识，防止投机取巧之辈的乘虚而入。教育类产品在新时代环境下得到了飞速的发展，但是其快速发展的步伐和严格的行业管理之间形成了一对矛盾，很多教育类产品并没有注重品牌形象的塑造，因此微商从业者可以以此作为产品营销的突破口，在具体工作中注重品牌意识的塑造，从而在激烈的市场竞争中占据一席之地。

二、不断提高产品的技术含量，以技术竞争手段占据广阔的市场。教育类产品的发展无疑是以卓越的品质、创新的技术以及高质量的价值服务为导向，唯有如此，才能够在市场浪潮的冲击洗礼中获得新生。因此在具体的微营销工作中，微商从业者要将产品的技术作为一大卖点，以此来吸引消费者的关注，并在优胜劣汰中获得长足的发展。

三、突出产品差异化特征，科学定位市场。教育类产品的营销现状是同质化现象非常严重，商家看到哪一款产品赚钱，往往会盲目跟风、一哄而上。这样做的后果是加剧了市场竞争的残酷性，最后依靠拼价格来占领市场，反而是谁也没有利润可赚。

因此微商从业者需要明白的是，产品没有个性就不会有竞争力，我们必须将个性作为产品的重要卖点，体现出特色和亮点。比如“好记星”这一教育产品的营销理念就是突出“迅速提高记忆力”这一大优势，以此作为售卖的理由；“E 百分”则着重宣扬“3 点法解决 3 大难”，以此作为销售的抓手。

所以观看那些售卖业绩良好的教育类产品，其个性化、差异化特征非常明显，这也是其在激烈的市场竞争中得以脱颖而出的重要原因。

四、注重产品信息的宣传传播。教育类产品的销售工作中，产品信息的传播工作非常重要，产品的传播面广，才能在很大程度上吸引学生和家长的注意力，营销工作也由此打下了坚实的基础。

106. 金融类

微商心语

金融类产品的营销，重在突出利益、收益，要向消费者重点讲明能够从中得到什么好处，这才是能够充分激发他们购买欲望的切入点。

金融类产品的营销，主要是指销售诸如货币、黄金、有价证券、外汇、保险等一类金融方面的产品，这些产品在微营销中也比较常见，涉及我们生活的多个方面，对于这一类产品的微营销，我们应当注意这样几个细节工作。

一、要有专业的知识素养。从事金融类产品的营销，重在能够向客户推荐金融产品，期间需要微营销人员将产品的各种情况讲述清楚，如果连自己也不懂其中的来龙去脉，又如何为客户解疑答惑呢？所以说金融知识的储备非常重要，才能以高素质的个人形象和专业的知识素养来赢得消费者的好感和信任。

二、突出产品优势，讲明能够给顾客带来的具体好处或收益。金融类产品的营销，重在能够给客户带来切实的利益，也就是说，客户在购买产品之后，通过收藏或其他运作方式，确保投资效益获得稳定增长，这也是客户最为关心的问题。因此在具体微营销中，我们要紧紧抓住产品的利益获取做文章，向客户重点讲明和同类金融产品相比的优势所在，结合当前的国家政策形势和社会发展趋势，给予他们以专业的投资指导。

三、利益、收益一定要讲清楚。实际工作中，很多微商从业者在介绍产品收益的时候，要么是夸大其词，要么是模糊收益系数，存在误导嫌疑，这一点常常令消费者反感不已。做微商，重在诚信，投资我们的产品，能够在一定时间段内获取多少收益，必须一笔一笔给客户罗列清楚，看到真实可见的数据展示分析，相信消费者一定会做出最为符合自身利益的选择。如果一味采取刻意误导或故意模糊收益率的营销策略，希望以此蒙混过关，最终必然得不偿失。

四、突出保障功能。这一点主要针对保险类产品的销售。很多客户在面对保险的时候，常常是犹豫不定，一方面他们肯定保险所体现出来的保障功能，另一方面又对真金白银的付出感到心疼。这时微商从业者就应当着重讲解保险所具有的独特保障功能，眼前的付出可以带来一生的受益，显然这是打动客户购买的一个关键点。

107. 服务类

微商心语

服务类产品的微营销，重点是体现“服务”两字的精髓，所有营销工作始终以高质量的“服务”为卖点，让消费者看着舒心、用着放心。

服务类产品的营销，主要是指销售或提供诸如海外代购、家政、保姆、暑期培训、钢琴、上门鲜花等方面的物品或人力资源服务，这一类营销主要以给人们提供舒适、便捷的服务为主，在具体营销中，我们所需要注意的细节主要有这样几个方面。

一、体现出服务性的特征。服务类产品的营销，服务理念是其中最为重要的因素，也是其一大亮点和特色。微商从业者只有打造完善的服务理念，才能够提升消费者选择购买的兴趣。例如家政、保姆类人力资源服务的提供，人们选择的重点自然在相关从业人员的服务水平上，高质量的服务才能获得消费者满意的赞誉，并由此形成口碑效应，在层层传播中吸引更多消费者的关注。

二、服务要专业化。既然是提供服务类消费的营销，具体服务人员应当体现出专业的技能素养，以精湛的服务来赢得消费者的订单。所以在人力资源服务的提供上，相关服务人员的培训工作要到位，争取穿戴统一的服饰上岗，出现问题纠纷的时候也有规范的解决流程。简而言之，一切以专业化、正规化为导向，不能让消费者在选择的时候因为我们的不正规而出现重重疑虑。

三、高质量的服务效果。这一点依然是服务类微营销工作的重点，无论是家政服务，还是专业的技能培训，最后服务的结果要让消费者满意，从而能够给予我们以好评，这样也会减少中间环节的纠纷和争执，以免出现退订服务的现象。

四、快递物流要给力。作为服务类产品的微营销，一切工作流程都能够体现出深深的服务烙印，比如在鲜花配送上，顾客打电话订购，力争在其约定的时间之前将产品送货上门，以精湛的快递服务为我们的营销工作加分。

五、以真品取胜。对于海外代购这一类型的产品营销服务，无论其中利润大小，微商从业者必须保证货物来源的渠道正规真实，以真品来赢得消费者的追捧，反对以次充好、鱼目混杂的不良营销行为。

108. 机械制造类

微商心语

机械制造类产品的营销，一方面重在突出产品的科技优势；另一方面则主打优质的售后服务，以高质量的服务取胜。

机械制造类产品的营销，主要是指销售诸如家用电器、包装设备、五金机电、仪表仪器、基础标准件工具、环保设备等一类和机械制造性质有关的产品，这些物品在微营销中也比较常见，涉及我们生活的多个方面，对于这一类产品的微营销，我们应当注意这样几个细节工作。

一、突出科技含量。产品的竞争主要体现在质量的竞争上面，而质量的竞争又和产品研发制造中所蕴含的高科技元素密不可分，这一点在机械类产品中尤为突出，带有较高科技含量的产品由于适应了社会发展进步的潮流，所以更受人们的欢迎和喜爱。

比如时下最有发展前景的机器人产业，以科技智能服务来引领时尚生活，成为人们大加追捧的对象。可以想象的是，一旦机器人科研技术成熟，能够完全替代人工服务，相信这一行业必定大有可为，售卖高科技机器人也会成为人们日常最为热点的购买。

所以说从事机械制造类产品的微营销，就应当采取以科技理念取胜的策略，将消费者关注的目光引导在产品所体现出来的科技元素上，以此打动他们的内心。

二、适当搞一些优惠促销活动，如价格打折或赠送和售卖与产品相关的精美礼品。这一点主要是针对家电产品的售卖，在节假日的时候，可以搞多种形式的促销活动，实实在在地让利给顾客。

三、多上传一些有关产品操作的小视频。对于顾客来说，机械类产品重在使用，所以他们也非常希望能够直接具体地看到对实际产品的操作过程，真实、清晰视频的上传有效地解决了顾客这一疑虑，其效果胜过无数文字图片的说明。

四、以优质的服务取胜。很多消费者在选择机械类产品的时候，非常注重产品的售后服务工作，因为对他们而言，没有几个人能够真正懂得维修的知识，一旦产品出现了问题，只有寄希望于卖家了。因此说售后服务是消费者比较关心的一大方面，我们在微营销的时候就应当以此为卖点，重点宣传我们产品完善的售后服务体系，强调在产品保质期内，凡是非人为因素，一切产品都可以免费调换、退货，直到客户满意为止。相信在售后上下功夫，做到了优质、高效的服务，一定能够促使火爆营销局面的形成。

友人后记

我与自媒体的缘分

本人工科硕士毕业，河南南阳人，现就职于浙江一家公司从事化工技术研发工作，同时兼职微商，做健康保健类产品的海外代购。与刘瑞军老师的结缘，始于去年我买了他撰写的那本《自媒体营销实战全攻略》。从微博到 QQ，再到微信等每一种自媒体工具的使用及其营销攻略在书中得到全方位分析，平时遇到的一些问题也都得到很好的解答；并且，通过扫描二维码而与刘老师成为微信好友，之后刘老师又建了一个微信交流群，每天他都会推送一些电商、微商等自媒体信息和健康养生、思维方式等方面丰富的内容，在群里大家能够互相交流沟通，满满的正能量都在加速着我们每一个人的成长。下面就说说我个人的改变或者说我与微商的缘分吧。

本身对于一个思想保守的工科硕士女来说，接受微商或者自媒体之类的东西是很难的，总觉得自媒体太虚、没有安全感，所以我也从来没想过我会做微商。可就在我工作将近两个年头的时候，由于从事化工技术类工作，除了长时间在环境恶劣的项目建设工地参与项目技术改造，还会接触一些化工产品，再加上年龄的因素，身体各项机能直线下滑，过敏性鼻炎、反复感冒、反复胃痛胃酸、皮肤粗糙暗黄、经常犯困等问题折磨着我，工作效率很低、精神状态很差，于是就下定决心好好调理身体。随后便从同事那里了解到进口来的酵素纳豆等健康补充剂并大胆尝试服用，每天定时定量坚持服用，大概经过半年时间的调理，身体免疫力确实增强了许多，各种慢性疾病、身体精神状态、皮肤均得到了显著的改善，竟然还瘦了。开心的同时，也让我的家人开始服用，在他们身上同样发生着各种“奇迹”。

总之，自己及家人的亲身经历让我对产品的信任感也越来越足，也改变了我之前对微商的固有偏见，原来微商里也有靠谱的产品，而且由于微商的经营成本很低，微商里的产品价格明显低于实体店，这应该就是微商或者说是自媒体的优势吧。再加上移动互联网操作上自由方便等优点，也吸引着我利用空闲时间通过自媒体把这些产品推广出去，让更多的人受益——身边有太多的人需要去调理身体，包括我的家乡人，我要去影响更多的人，要把健康保养作为一项事业坚持做下去！

近几年内，在我的河南老家，身边绝大多数的亲戚长辈包括我的爸妈，都不同程度地存在各种健康问题，他们已不是亚健康状态而是不健康甚至生病状态，三高、心脑血管疾病、癌症患病率已达九成，原以为在几乎零污染的农村老家，人们不会存在如此严重的健康问题，可是现实还是那么残酷，他们的健康让人担忧！静下心来思考这个问题，并非偶然，农村老家的环境很好，可称之为大气零污染，然而人们却逃不过各种食物添加剂和水质污染物等种种伤害，所以胃癌、肝癌、肺癌“三大癌症”随处可见；另外，更大的问题在于北方人普遍不重视健康保养，没有“预防重于治疗”的概念，非得等到得了大病扛不过去了才去就医，甚至有的人一旦生了大病，会因要省钱而放弃治疗、自生自灭……

最终等到健康实在无法挽回的时候，会无奈地感叹：“健康是拿多少钱都买不到的！”而我一直都认为钱是可以买到健康的，只要还来得及！人的一生，不是为了挣钱而挣钱，不仅仅是生存，更多的应该是为了享受——享受工作带来的成就感，挣得金钱的满足感和身体健康、家庭和谐的幸福感，如此足矣！拥有健康不等于拥有一切，但没有健康，你必将失去一切！我的家乡人很勤奋、很能吃苦，也不乏事业有成人士，却总是保持固有的生活消费观念和思维角度，不愿意去改变自己和尝试新东西，最终导致身体越差越没钱，越没钱就越舍不得去看病、去保养，如此步入恶性循环。在浙江工作将近3年的时间，多数本地人的保养意识让我欣赏，他们不管手头有多少钱，他们都会把健康放在第一个要投资的位置上，自然避免了很多不幸的发生。面对这样的“南北差异”，我决定要为健康养生做点事！

在我个人的微商成长道路上，想法也在不断地改变着。微商初期，如果有人问我为什么会做微商，我一定会说是为了降低自己和家人的健康保养成本；而如今面对同样的问题，我的回答一定是——为了影响更多的人，为了让更多的人早一些重视健康养生，为了让更多的人都能吃上、用上好产品，尤其是我的家乡人！说这么多，我不是非要谁来买我的产品或者让大家夸赞微商，而是将自己的生活观念、养生态度，以及从微商的角度对自媒体的看法分享出来！下面我总结一下自己做微商以来的感受或者看法。

（一）改变自己的固定思维模式，勇于接受新事物。微商不是传销，它只是一种新的营销模式，属于自媒体的范畴，同样也是未来的趋势，当然不排除有些人把微商做成了传销模式，只要我们坚持自我、用健康的方式去做微商就好。

（二）用事实说话。不能重复“三人成虎”的故事。100 个人说微商是骗人的，那么微商就是骗人的；100 个人说微商的产品都是假的、劣质的，那么微商的产品就是假的……如果借用别人的口来做判断，那么我们自己的调查分析在哪里？自己的判断力在哪里？我们为什么不去大胆尝试，用自己的亲身体验、测试数据来说话呢？流言止于智者，因此我们需要用事实说话！

（三）想要做成任何事情都不是轻而易举的。不存在躺着赚大钱的微商，就算真有这样的情况，也一定是在前期做足各种尝试、吃过各种苦头经过积累沉淀来的。还是那句话：谁都不容易，做好任何事情都不容易，做好微商也不容易！通过自媒体创业，唯有选对方向、跟对团队、找对方法，再加自己努力才会成功。其中选对方向、跟对团队是前提，因为选择大于努力，方向选对了才会事半功倍！

（四）钱，只有流通起来才能产生价值。如果让钱只是作为存款躺在那里只会贬值，不会创造出财富，理财不等于存钱，所以我们需要用理性的头脑、高瞻远瞩的见地去做合理的投资。有一句话说得特别好，你的脑袋不改变，你的口袋就不会改变！改变自己，从现在开始！

记得之前看到过一篇报道，如今市面上食品添加剂的种类比食品本身的种类要多得多，国内的食品安全已达到了国人无法容忍的地步。

最后在此提醒大家，不管通过何种途径购买食品、日用品，一定要通过正规途径选择正规厂家生产的产品，远离三无产品、假冒伪劣产品带给我们的危害。

时间仓促，暂时说这么多。如果你想多交一个朋友，如果你是我的师弟或者师妹，如果你想一起探讨一些健康养生的东西，如果你想交流探讨自媒体创业，或者如果你想一起讨论人生规划、职业规划等，你都可以来找我，两个人的思维一旦发生碰撞，必能迸发出火花！

最后，愿我们每一个人在新的时代，及时转换思维，书写灿烂的人生，加油！

刘艳丽